王其祎 编著

发现陕西

FAXIAN
SHAANXI

秦始皇陵兵马俑

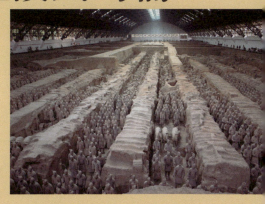

未来出版社

图书在版编目（CIP）数据

秦始皇陵兵马俑 / 王其祎编著. --西安：未来出版社，
2014.11（2016.10 重印）
（发现陕西）
ISBN 978-7-5417-5445-6

Ⅰ . ①秦… Ⅱ . ①王… Ⅲ . ①秦始皇陵—秦俑—介
绍 Ⅳ . ①K878.9

中国版本图书馆 CIP 数据核字（2014）第 262208 号

秦始皇陵兵马俑
QINSHIHUANGLING BINGMAYONG

著　　者　王其祎
摄　　影　张天柱　夏居宪　赵　震

选题策划　尹秉礼　陆三强
丛书统筹　陆三强　陆　军
责任编辑　雷露深
封面设计　李亚兵
技术监制　宇小玲　宋宏伟
出版发行　未来出版社
　　　　　地址：西安市丰庆路 91 号　邮编：710082
　　　　　电话：029-84297353　88654719
经　　销　全国新华书店
印　　刷　陕西东风海印刷有限公司
开　　本　880mm×1230mm　1/32
印　　张　5.75
字　　数　70 千字
插　　图　185 幅
版　　次　2014 年 11 月第 1 版
印　　次　2016 年 10 月第 2 次印刷
书　　号　ISBN 978-7-5417-5445-6
定　　价　25.00 元

发现陕西,这个令人神往的地方

李　曦

陕西,是一片神奇的土地。

黄土背负着它,黄河拥抱着它,秦岭巴山拱卫着它。

当你打开中国地图,从乌苏里江到帕米尔高原,从漠河到雷州半岛,中国大地的"原点"在哪里?——陕西。陕西是名副其实的"天下之中"!

当中央电视台、中央人民广播电台向全世界播报"北京时间"时,"北京时间"由哪里发授?——陕西。北京时间就是西安时间!

中国历史特别眷顾这片土地。

走在这里的田野上,随便踢起一片砖瓦,说不定它就是周秦汉唐的遗物——这里是随便踢一脚都可能踢出文物的地方!

蓝田猿人从这里站起来,走过了数十万年的历史时空;半坡人在这里生活繁衍,描绘了他们最美的图画;华夏文明从这里撕开蒙昧的黑幕,让文明的曙光照临大地;周秦汉唐在这里兴起,写出了中国古代史上最为光辉的篇章;中国共产党从这里迈开大步,把自己领导的革命推向全国胜利。这里是号称"天然历史博物馆"的地方,在第三次全国文物普查中,陕西地上地下共有文物点 49058 处，其中古遗址 23453 处，古墓葬 14367 座，古建筑(遗址)6702 处，国家级重点文物保护单位 235 个，省级文物保护单位 598 个，县级文物保护单位 2157 个，国家级文物 123 件(组)。这里的古遗址、古建筑、国家级文物数量之多，列全国之首。这里是号称"自古帝王都"的地方——西周、秦国、秦、西汉、新莽、东汉(献帝)、西晋(愍帝)、前赵、前秦、后秦、西魏、北周、隋、唐和大夏曾在陕西建都，延续时间达 1500 年之久——在中国所有古都中，西安建都的历史最长；在世界四大古都中，西安是东方古都的代表；"南方的才子北方的将，陕西的黄土埋皇上"——中国历史上 70 多位帝王埋葬在陕西的黄土中，使这里成为中国埋葬帝王最多的地方。这里是中华民族精英荟萃之地，走出过千千万万叱咤风云的人物：中华之祖炎黄二帝、创造文字的仓颉、教民稼穑的后稷、礼贤下士的周文王、制礼作乐的周公旦、传道著经的老子、千古一帝秦始皇、雄才大略的汉武帝、"凿空西域"的张骞、"千秋太史公"司马迁、造纸的蔡伦、药王孙思邈、一代英主李世民、女皇武则天、佛学宗师唐玄奘、"诗圣"杜甫、"诗仙"李白、"新乐府"倡导者白居易、字如其人的大书法家颜真卿、理学家张载、大文豪苏轼，以及毛泽东、周恩来、张学良、杨虎城……

外国人说，到中国不看西安等于没到中国；中国人说，看五千年文明不到陕西等于灭灯观史、黑夜行游！

大自然特别厚爱这片土地。

它把全世界最大的风成高原——黄土高原的中心给了陕西；它在这里推涌出中国南北气候分界第一岭——秦岭；它牵引着黄河以惊天动地之势在壶口给中华民族塑造了一个雄伟壮观的象

征；它以鬼斧神工铸就"中华"万年不移之根基——奇险天下第一山的"华山"；它给中华文明特别开辟出一片沃野千里的"天府"之地——关中平原；它独让陕西聚塞上风光、黄土风情、平原景色和江南意趣为一体，让这片土地物产丰饶而风情万种；它在这片土地下埋藏了中国最多的煤和天然气，给陕西经济腾飞准备了无与伦比的能量资源；它让这里成为中国最大的生物物种基因库之一；它给这里造就了号称"天然地质博物馆"的第四纪冰川遗迹……

现代正密切关注着这片土地。

这里有全国领先的科研机构和军工企业；这里产生了众多国内顶尖、世界一流的科技成果；这里有全国著名的"飞机城""纺织城""农科城"；这里有众多的高等学府和全国最大的民办大学；这里有一支名震全国的作家队伍；这里制作出让世界刮目相看的电影作品，这里的秦腔是中国现存最古老的剧种，这里的腰鼓名闻天下，这里的苹果香飘全国，这里的西凤酒誉满海内外；这里有全世界唯一的朱鹮自然保护区，这里是川金丝猴最大的生息繁殖基地；秦兵马俑成为名传中外的世界第八大奇迹，佛指骨真身舍利让这里成为佛教旅游的圣地；这里有中国最现代化的历史博物馆，这里有中国公路第一隧道……

这就是陕西，一个令人神往的地方。

目　录

“千古一帝”话始皇 　　　　　　　　　　　　　　1

“祖龙”的归宿——骊山 　　　　　　　　　　　15

秦始皇帝陵——中国的“金字塔” 　　　　　　24

地宫的旷世之谜 　　　　　　　　　　　　　　35

天人际会的发现——“世界第八大奇迹” 　　　45

横空出世的皇家军团 　　　　　　　　　　　　59

建筑独特的“井干式”坑道 　　　　　　　　　72

秦川健儿的威武风采 　　　　　　　　　　　　82

“车辚辚，马萧萧” 　　　　　　　　　　　　93

一代雄师的"服章之美"   104

三分雕塑七分彩   118

始皇帝的銮驾——铜车马   131

"铜兵之歌"的壮丽尾声   148

兵马俑不死   162

附表1:秦人与秦国大事纪年   171

附表2:秦始皇帝陵考古大事纪年   174

"千古一帝"话始皇

颛顼

颛顼是黄帝之孙、昌意之子，本名乾荒。他性格深沉而有谋略。15岁时辅佐少昊，治理九黎地区，封于高阳，故又称其为高阳氏。轩辕黄帝死后，因颛顼有圣德，立为帝，时年20岁。颛顼是华夏民族的共同人文始祖。

▼ 颛顼

历史从天地玄黄中开始，人类在宇宙洪荒中诞生，伴随着石头的敲打，依稀看见一位伟大的东方女性（毋宁说是女神）徘徊于波涛汹涌的东海之滨。终于有一天，她勇敢地擎起了一面玄鸟（燕子）的旗帜，率领着她的部族，向那远离大洪水的黄河上游艰难跋涉。她，就是秦人的老祖——女修。

寻根溯源，《史记·秦本纪》中珍存了一个美丽的神话：女修的祖先就是与天神共工争帝的高阳氏颛顼，而颛顼的祖父就是五千年中华文明的始祖黄帝。也许是禀赋天命，一日，女修正在纺织，见有玄鸟飞过，落下一枚卵来，她便好奇地将卵吞食了，结果，竟有感而受孕。然而更有意义的是，尽管作为母系，却从此成为人文初祖正统血脉的一支嫡传。女修的儿子就是大业，而大业的儿子就是大费（一说皋陶），顶礼着玄鸟的图腾，蕃息起被大禹赐为"嬴"的氏族。毕竟是天意难违，当大费追随着大禹，终于面对那无法征服的洪水猛兽而仰天长叹时，这支热恋着东方的龙的传人便被迫开始了富有历史转折意义的西迁。嬴氏毕竟是个深谙"物竞天择"的部族，随着部族西徙的步履渐渐深入广袤的内陆，竟涌现出了不少精通于车马者。如大费的玄孙费昌弃夏归商，为汤王驾起了讨伐暴桀的征銮；数百年后，他的后裔造父又为周穆王鞭策着八骏，一日千里西赴昆仑山上与王母相会于瑶池；而后，更有因"好马及畜，善养息之"而为周孝王牧马于"汧渭之间"（今陕西宝鸡一带）的非子，后来受封于"秦"（今甘肃清水东），成了周王的附庸，续祀起嬴氏的香火（号曰"秦嬴"）。于是，秦人不仅有了名正言顺的始封之祖，同时也为日后恃强东渐、建立王霸的宏伟大业奠定了基础。

随着秦人的根脉深植于"西垂"（今甘肃天水西南）的黄土高原之上，随着秦襄公护驾平王东迁有功而荣登诸侯之列，历史的长河已流入了春秋战国时代。这是一个由封建制的诸侯共主趋于郡县制的中央集权的时代，是一个中华民族早期大融合最为深广的时代，也是华夏的中心文化与周边的附庸文化彼此影响、极度扩充的时代，同时还是人类文明告别青铜余晖、迎接铁器曙光的时代。而在这个大变革的时代，最直接、最有效的助推力实在莫过于列国之间的军事行动。周平王的东迁之日，正是维系诸侯间和平共存纽带的断绝之时，从此，凡是有野心的诸侯，都可以随心所欲，扩充地盘；凡是能够整军经武把国家军事化的，就容易得到胜利，反之则归于失败。经过这种杀伐征战，结果，剩下来的国家一定是强大的

秦始皇陵兵马俑

3

▲ 秦鼎

国家,而强大的国家也正是变革过的国家。(劳干《秦的统一与其覆亡》,载《古代中国的历史与文化》)

从鼎立于春秋五霸之间,到对峙于战国七雄之列,直至横扫六合,澄清玉宇,历史证明:唯有秦国才是变革最彻底的国家,唯有秦国才是军国力量最为强大的国家,唯有秦国才是最终能够担负起开创中国两千多年封建王朝历史使命的国家。

秦的统一大业是伴随着卷土东进而完成的,与其先民的西迁相比,东进的历史意义似乎更为现实,更为重大。应该承认,正是东进催产了秦国这个晚出的时代骄子,并进而取得了周天子的封地——岐山以西地区。正是东进给秦人带来了崛起于西垂、扩展于周原(今陕西岐山、凤翔一带)、定居于关中、立朝于咸阳的历史机遇。也正是东进，使得穆公称霸、孝公称雄、秦王称帝的一幕幕英雄史剧此起彼伏，彪炳万代。所谓的"三代以上""秦汉以下"，已俨然成为一个伟大的历史界域的标志。"秦也者，古今之界也。自秦以前，朝野上下所行者，皆三代之制也；自秦以后，朝野上下所行者，皆秦之制也"（清·恽敬《三代因革论四》）。而这"秦之制"的缔造者，便是那在后人眼中集暴君与英雄于一身的千古一帝秦始皇。

常言道：皇有皇猷，帝有帝德。推论史事，传说中的开天辟地的功劳，自当首推盘古氏为第一帝王。而以创造华夏文明的业绩论，则三皇五帝真是皇猷远大，帝德无边，以至于夏、

▼秦石鼓

秦始皇陵兵马俑

5

商、周三代的一个个有道明君难以望其项背，只得降号为王。有道是"江山代有才人出"，可谁曾想历史偏偏宠幸了一位本非嫡传的西秦小子，使他得以趋历史之大势，继六世之余烈，聚九州之版图，创君主之专制。不论这功德的铸造浸淬了多少酷烈残暴的腥风血雨，但那事业的成功毕竟拥立起一位震古烁今的英雄皇帝。于是我们便理解了这样一个历史情形："'英雄造时势'只是一句夸大的话。事实上，英雄之所以成为英雄，正因其能顺着时势进行之故。'时势造英雄'这句话倒是真的，因为它能决定英雄的趋向。"（吕思勉《吕著中国通史》）

▲秦始皇

秦始皇出生于公元前259年，13岁时继嗣他的父亲庄襄王为秦王。关于他的继嗣，原本有一段颇富传奇色彩的故事。

庄襄王是秦昭襄王的太子孝文王的儿子，名叫子楚，但却不是举足轻重的长子，因

此被派到赵国做了交换的"质子"（人质）。当
秦赵失和、兵戎相见时，子楚失去了经济来源。
这时有一个叫吕不韦的大商人在赵国都城经
商，见此情形，便做了件很了不得的政治投机
买卖。随着秦昭襄王的老迈，孝文王的继位只
是旦夕之事，而孝文王最宠爱的华阳夫人，自
然也是最有希望做王后的。不过华阳夫人无
子，将来的太子是谁，就成了一个还不能确定
的问题。吕不韦瞅准机会，一方面供给子楚生
活费，另一方面游说华阳夫人收子楚为儿子，
这样不仅有利于华阳夫人成为王后，而且可以
使其拥有一个得力的党羽。结果，计划成功了。
依靠吕不韦的资助，子楚在做质子时，娶了吕
不韦的姬妾，生下一个儿子（更有一种说法说
这是吕不韦留在姬妾肚里的孩子），取名嬴政，
这便是后来的千古一帝秦始皇。

在这个大变革的时代，最直接最有效的历
史助推力固然莫过于列国之间的军事行动，但
秦朝统一中国，却实在绝非全是武力的结果。
嬴政的成功，在于他不仅能认识到且还能顺应
时势。"三帝不相复，三代不相袭"。要称王称
霸做皇帝，还必须有一个彻底的"革命"行动。
嬴政终于做到了这样两点：一是对内建立一个
有利于长治久安的政治体制；二是对外把力所
能及的地方都收入秦的版图之内，那些力所不
能及的地方，则确立起一条防线来。而指导他

秦始皇陵兵马俑

7

▲ 五年相邦吕不韦戈

实施这"革命"行动的理论基础就是"法重于民"的法家倾向。所以，嬴政在亲政之后，既没有追随"仲父"吕不韦的道家精神，也没有接受此前占优势的儒家政策，而是坚定不移地走自己推崇法家治国的路。

随着政敌吕不韦、嫪毒(lào ǎi)集团的被消灭，军国大权巩固在嬴政一人手中；随着收回逐客令而坚持"任人唯贤"，智能之士纷纷来秦。"万世之功"的郑国渠强固了秦国立足于关中的经济基础，尉缭入秦带来了指挥秦军节节胜利的军事韬略，韩非、李斯的影响则坚定了嬴政的政治思想和行动措施。于是，便有了"秦王扫六合，虎视何雄哉！挥剑决浮云，诸侯尽西来"(唐·李白《古风》之三)的势如破竹的兼并战争。公元前230年，灭韩；公元前228年，灭赵；公元前225年，灭魏；公元前223年，灭楚；公元前222年，灭燕；公元前221年，灭齐。短短十年之间，如秋风扫落叶一般，"席卷天下，包举宇内"，囊括四海，并吞八荒(汉·贾谊《过秦论》)，中国历史上第一个大一统的时代终于到来了。

当新的帝国建立伊始,头等大事自然是议定帝号与运命,嬴政"既灭周家八百年,更扫三皇五帝如灰土"(清·袁枚《始皇陵咏》),功德无量。于是,他合并"皇"字与"帝"字而号称"皇帝"。又一反古礼,取消谥法,自称始皇帝,子孙称二世、三世,以至万世无穷。按当时流行的五德相生相克之说,秦是代周而兴,周为火德,秦便属水德,色彩主黑,数字尚六。其次,废封建,立郡县,法度划一,包括文字、货币、驰道、度量衡等等,在政治、经济与文化制度上,开创了一个全新的局面。再次,秦北筑长城,南收两越(东越、南越),一个"六合之内,皇帝之土,西涉流沙,南尽北户,东有东海,北有大夏,人迹所至,莫不臣者"(《史记·秦始皇本纪》)的具有辽阔疆域的帝国也随之横空出世。第四,秦尽收天下兵器,铸成金

▼秦始皇出征雕像

皇夏一统

秦始皇陵兵马俑

人和钟、镰(jù),既可表明偃兵息武之心,又可免去人民反抗之虞,并且征兵戍守,大兴劳役,乃至东巡郡县、封禅纪功的举动也可以行之而有效了。

毕竟"千古之罪,未有一人成之者;千古之功,未有一人树之者"(蔡锷《秦始皇功罪论》)。试就西起临洮,东达辽东,绵延万里的长城而言,其实并非秦始皇一朝所为。当时的诸侯国无不各筑有长城防卫,而秦始皇只是将秦的旧长城与北边燕、赵两国的长城做了一个连贯起来的工作。若论耗时费力,本不比阿房宫、骊山陵的修建工程更为繁重,而传说的孟姜女哭倒长城八百里的悲剧,也只不过是后代民间的附会演绎罢了。再说焚书之举,其实也不是秦始皇的独创,而是一个时代的倾向,这倾向源于力求统一人心而杜绝人各有心的法家思想,早在《管子·法禁》与《韩非子·问辩》中已有焚书的主张,而秦始皇则是在李斯的鼓动下把它批准实施了。从被焚的多是"诗、书、百家语"等有关社

▼ 秦诏版

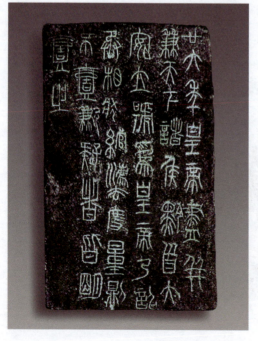

秦疆域图

——千五百万分之——

匈奴

胡

沃

沮

余镇

月氏

阴山

阳北山

辽西郡

辽东郡

渔阳郡

上谷郡

右北平郡

云中郡

代郡

广阳郡

九原郡

雁门郡

恒山郡

太原郡

巨鹿郡

东郡

临淄郡

济北郡

齐郡

琅邪郡

胶东郡

羌氐

河南地

河东郡

河内郡

上党郡

邯郸郡

颍川郡

东海郡

薛郡

泗水郡

积石山

陇西郡

北地郡

内史

三川郡

华山

勃海

东海

羌

蜀郡

汉中郡

巴郡

黔中郡

南郡

衡山郡

九江郡

庐江郡

会稽郡

五尺道

邛都

南阳郡

江水

鄣郡

闽中郡

台湾岛

滇越

昆明

滇

夜郎

九嶷山

长沙郡

五岭

越

南海郡

桂林郡

象郡

西瓯

句町

南

海南岛

南海

图例

◎ 咸阳 都城

○ 陈郡 郡级驻地

● 大泽乡 其他居民地

------ 政权部族界

▲ 秦的版图

会政治问题的书籍来看,应该说此举企图实现的"政教合一"的目的,是顺应大一统的历史潮流的。还有坑儒的残暴,透彻地看也不能完全与焚书之事因果并论。比较真实的情况是:做了皇帝想登仙。这或许正是从秦始皇开始的"习俗"。秦始皇晚年对方士可谓宠信之至,可是随着徐福率领童男童女数千人入东海觅神仙的杳无消息,以及黔驴技穷的侯生、卢生两

秦始皇陵兵马俑

▲ 秦权

位方士的逃跑，惹得秦始皇大为恼怒，说诸生可能造妖言来煽惑百姓，便下令执拿问罪。于是，诸生互相揭发，最终把有嫌疑的460余人在咸阳活埋，致使诸生此后再不敢随便发表言论。这本是因为有人诽谤始皇帝而引发的惨剧，其本意也并非想要坑尽天下儒生，固然方式方法的确残暴之极，然而应该看到"焚书坑儒"之举所带来的效应也是不容忽视的。自此之后，真的就实现了"悉召文学方术士甚众，欲以兴太平"(《史记·秦始皇本纪》)的理想，六国儒生络绎来朝，倾心奉献才智，正说明了他们对大一统封建权力秩序的赞同，说明了他们对现实王道乐土的拥护。当儒生们的立场由对现实的批判

▲ 秦杜虎符

转变为对现实的歌颂，就表明了这个制度与国体的被肯定，就表明了往昔理想中的圣王，就在现实；往昔憧憬的象征着合理与正义的三皇五帝，就是今天的始皇帝。（参详臧知非《由"理想"到"现实"——秦汉之际儒生价值观

▲ 秦峄山碑

的历史分析》，载《秦始皇帝陵博物院》，三秦出版社，2011年，第289~301页）

　　说到底，秦始皇毕竟是个封建帝王，他不能不循着虐民以自奉的路线前行，尽管他对政治抱有一种伟大的理想，但又不能也不可能顾及实际情形的可行与否，以及实施手腕的软硬缓急之程度。应该说，秦始皇经世济国的政策韬略虽好，实行起来却过于激进、过于酷烈了，更何况他的"独夫之心，日益骄固"。修长城与戍边塞，该劳费多少民力、兵力？又该劳费多少粮饷供给？这且不论，三百里阿房、六国的宫殿、摩天的山陵，无不穷奢极欲，加之为了"示疆威，服海内"的五次东巡，更是一次比一次盛大辉煌。这一切，简直到了国家不堪"积衰"、百姓不堪重负的程度。于是，这个独夫，

秦始皇陵兵马俑

发现陕西

小资料

大泽乡

大泽乡，今安徽省宿州市东南西寺坡镇刘村。秦朝末年陈胜、吴广于此地发动了中国历史上第一次农民大起义。大泽乡起义沉重打击了秦朝，揭开了秦末农民起义的序幕。

在一天一天地满足着，也在一天一天地堕落着，一天一天地灭亡着，这是不以人的意志为转移的历史规律。

统一是势所必然的，但在那个时代，将它视为合理之举的人却是不多的。六国虽被夷灭，而那一班失去地位与权力的人，心上总是不服的，总是满怀着报仇的愤恨和复旧的希望，加之大多数民众的困于无告而易于煽动，因此一有星火，则必成燎原之势。公元前209年，秦始皇暴死沙丘（今河北邢台）刚满一年，陈胜、吴广便在大泽乡（今安徽宿州东南）揭竿而起，敲响了秦王朝的丧钟。"以法毒天下者，未有不反中其身及其子孙者也"（苏轼《东坡志林》卷5《赵高李斯》），这正是千古一帝英雄加暴君的必然结局。

▼阿房宫

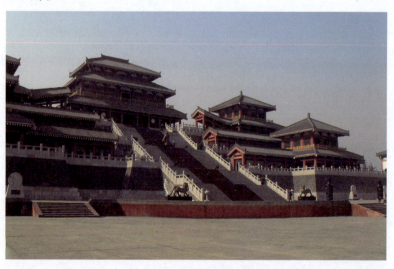

"祖龙"的归宿——骊山

铁门限

用铁皮包裹着的门槛。唐王梵志《世无百年人》诗云:"世无百年人,强作千年调。打铁作门限,鬼见拍手笑。"原谓打铁作门限,以求坚固,后即用"铁门限"比喻人们为自己作长久打算。

《**史**记·秦始皇本纪》说:"祖龙者,人之先也。"又说:"今年祖龙死。"谁是祖龙?南朝时期的裴骃为《史记》作注解:"祖,始也;龙,人君象。谓始皇也。"

"祖龙"驾崩了,他终于没能够长生,不但如此,秦国的命运也同样没能够超过三世,更不用说千世万世,传之无穷了。有道是"纵有千年铁门限,终须一个土馒头"(宋·范成大《重九日行营寿藏之地》)。公元前210年深秋,50岁的秦始皇终于寿终正寝地投入了他为之苦心经营37年的归宿地——骊山。始皇帝的葬礼,其富丽与盛大是可想而知的,而人们或许首先揣测的是他为何将归宿地偏偏选在了骊山?骊山又究竟是个怎样的所在?

提起骊山,人们或许不太陌生,因为今日的骊山已是名扬海内外的旅游胜地。从"自古帝王都"的西安东行20千米,便是"历尽周秦与汉唐"的畿辅之地临潼。出临潼往南,仰见一耸秀绝的山峦,在晓风中,在夕阳下,其葱郁的形貌恰似一匹青黑色活泼可爱的马驹,这便是骊山。骊山与蓝田南北相连,堪称秦岭北麓终南山支脉的最俊丽处,因此早就享有"一片秦京最好山"的盛誉。登上骊山,举目四望,"全秦形势之大",尽收于眼底;"古今兴废之由",都萦于心怀。那茂密的青翠是骊山的古柏,那缭绕的暖流是骊山的温泉,还有那远处的渭水,浩浩汤汤,在八百里秦川的沃土上奔腾东逝。也许正是因为这依山带水的优越地理环境,才使得骊山成了历代帝王的巡幸之地,才使得他们在这骊麓之畔一个接一个扮演着千古独绝的活剧。从周幽王的烽火之戏到秦始皇的骊山之役,从楚霸王的鸿门之宴到唐玄宗的华清之游,更有震惊近现代史的"西安事变"和令人叹为观止的秦陵"兵马俑"奇迹的发现,这些又无疑使骊山在秀美的自然景观之外又获得了更高一层的历史文化的景观与价值,诚所谓人杰而地灵。

在诸多渐行渐远的风云过客中,与骊山缘分最为密切者,莫过于秦始皇了,这不仅表现在他的生前,而且牵连着他的死后。秦人虽然崛起于西垂,但传说秦人的先人是骊山之女,是这骊山脚下骊戎国(周的诸侯国之一)胥轩的妻。申国是姜姓,骊山之女也是姜姓。之所

▼骊山

秦始皇陵兵马俑

17

骊山老母

骊山老母又称黎山老母、骊山姥，为古代传说中的居于骊山的一位女仙。传说其天姿绰约，风华绝代，尝作阁道于骊山。秦始皇游骊山遇之，惊其艳，欲侮之。因受老母施法以惩，乃罢。此后化为老妪，人遂以老母称之。

以叫她骊山之女，是因为申国之君在骊山娶亲而生下此女，于是便以母亲的家乡作为女儿的名字，叫作骊山女。又因为有了这种枝叶与根的血脉亲缘，秦人也就从此归了周朝，并开始在这水深土厚的秦川道上繁衍生息开来。如今的骊山上确有一座骊山老母殿，供奉着相传是殷周之际的骊山之女（一说是女娲的化身），而且她的香火在唐代就已经很盛了。

骊山北麓的温泉是极有名的，东汉的张衡就曾"适骊山，观温泉"而写下过《温泉赋》，并且早在汉魏时期，人们就已经开始用此泉水来治病疗疾："千城万国之氓，怀疾枕疴之客，莫不宿粮而来宾，疗苦于斯水。"（北魏·元苌《温泉颂碑》）宋代大文豪苏轼更曾断言：余之所闻

▼骊山老母殿

汤泉，天下有七，"惟骊山当往来之冲，华堂玉甃，独为胜绝"（苏轼《书游汤泉诗后》）。"骊山云树郁苍苍，历尽周秦与汉唐。一脉温汤流日夜，几抔荒冢掩皇王"（郭沫若《七律·游骊山》诗句）。至若唐明皇与杨贵妃在莲花汤的暖流中风流旖旎的故事，可谓妇孺皆知。然而，人们或许不知道，与骊山温泉最早发生瓜葛的天子，其实是秦始皇。据说当年周幽王在这里建离宫的时候，还不曾有温泉的传闻。到了秦始皇时期，随着八十里阁道从阿房宫修筑到骊山，有一天，秦始皇在骊山遇见了一位美丽的仙女，他顿生歹心，企图侮辱调戏。结果，惹得仙女大怒，便迎面唾了他一口。这一唾不要紧，谁知秦始皇竟因此满脸生起了恶疮，怎么也治不好。不得已，他只好去向仙女赔罪，求取解药。仙女所赐之药正是这骊山的温泉，秦始皇赶紧以泉洗脸，果然很快就痊愈了。从此便在这里建起了骊山汤，而后代君王与骊山温泉的故事，也从此开了端绪。

如果说秦始皇以骊山温泉洗疗恶疮的传说实在是太离奇了的话，那么，骊山坑儒谷的故事倒还多少能捕捉住一丝历史的风影。那是在秦始皇即位的第三十四个年头，先是焚了天下书，继而又坑了咸阳儒，这一下可与天下儒生结下了千载难恕的大恨深仇。由于激起了四方名士的不满，秦始皇便索性暴殄之心毕

秦始皇陵兵马俑

▲ 骊山温泉

露，决意斩草除根，不留遗种。但又怕令出无
名，反使天下骚动，于是，一个阴险而残酷的计
谋便在骊山的马谷中秘密滋生了。秦始皇一
面令人在马谷中种瓜，一面虚情假意下诏求才，
访得名士700人，一起认作郎官，以骗取儒生的
信任。转眼春节在即，骊山守吏报称：马谷有
瓜成熟，累累可观。秦始皇当着700位郎官的
面故作惊诧："现当春寒时节，岂有此等怪事？
是瑞兆，还是祸端？卿等不妨为朕去看个明白，
也好断定灾祥。"于是好奇的儒生们一口气奔

来马谷，果然看见谷中有瓜数枚，新美鲜熟，大家越发惊异而相互揣疑。正在此时，猛听得一声爆响，谷顶土石如瀑，扑面而来，众人东躲西藏，觅路奔窜，谁知谷口早就被木石塞满，可怜那700儒生全都冤死谷中，无一生还。人们也许不解，冬末春初，何以有瓜？原来骊山的温泉通入马谷，谷中包含热气，犹如温室，无论天时寒暖，常生草木。唐人王建《华清宫词》有"内园分得温泉水，二月中旬已进瓜"的诗句，或可以为这个离奇的传闻作一注脚。这也就是秦始皇预设伏击、马谷坑儒的秘密所在。既然有了700冤鬼的勾魂摄魄，那秦始皇难道不该在这骊山脚下为他们陪奠，以向儒生、向斯文永久地谢罪吗？

传说终归只是传说，秦始皇将自己的归宿地选在骊山毕竟还是有缘故的，这缘故想来应该体现在这样两个方面。即一方面是看中了骊山的风水宝地，另一方面则是受了秦国政治中心东移的钳制。讲究风水祸福，在战国时期很盛行，这门学问甚至被列入九流十家之林，也就是所谓的阴阳家。古训早有约束："事死如事生，礼也。"（《左传·哀公十五年》）"事死如事生，事亡如事存，孝之至也。"（《礼记·中庸》）既然生前的居室要讲风水，那么死后的安坟营墓又怎能随便呢？既然一般人都有如此讲究，那么作为一统帝国的始皇帝这么做，也

华清池

华清池，亦名华清宫，位于陕西省西安市临潼区骊山北麓。西距西安30公里，南依骊山，北临渭水，是以温泉汤池著称的中国古代离宫。周、秦、汉、隋、唐历代统治者，都以此作为他们游宴享乐的行宫别苑。

秦始皇陵兵马俑

就更加不足为奇了。秦始皇陵所在的骊山北麓，的确是个"乘生气"、得风水的宝地，陵冢位于"山冲"之地，南依骊麓，北迎渭河，陵园东西有水流拱卫，冢高穴深，四望开阔而明朗，充满勃勃生气。郦道元在《水经注·渭水》中曾有这样一种见解："秦始皇大兴厚葬，营建冢圹于骊戎之山，一名蓝田，其阴多金，其阳多玉。始皇贪其美名，因而葬焉。"贪其美名也好，多金多玉也好，都无非说明骊麓的确是个合乎"立冢安坟"的风水宝地，当地民俗也确实有秦始皇葬在"枕金蹬银"的风水宝地的说法。当然，合乎堪舆家所谓"立冢安坟"原则的风水宝地，即便在关中也并非仅骊山一处，因此秦始皇选定骊山还有其另一方面的缘故在。自古以来，从一个部落，到一个家族，都有其集中的茔域葬地，而且往往就在国都的附近。如殷

▼烟雨蒙蒙中的骊山

商在安阳(今河南安阳),姬周在岐山(今陕西岐山东北),西汉在咸阳原(今陕西咸阳北),东汉在北邙山(今河南洛阳东北),都大致如此。秦国的陵墓也是一样,春秋时期,秦霸西戎,建都于雍(今陕西凤翔),秦公的大墓也都集中在雍城,如1986年开启的埋葬着秦景公的秦公一号大墓,便是秦公陵园的18座大墓中最大的墓冢。秦孝公时,秦国的政治、经济中心逐渐由西向东转移,秦的国都也从雍城迁到了咸阳,这时咸阳以东的地带便成了王公的葬地,如秦惠文王陵、秦武王陵就在这里。到了秦的后期,秦王的陵区延展到了骊山北麓,如秦昭襄王母宣太后芈(mǐ)氏、秦昭襄王、昭襄王长子悼太子、昭襄王次子孝文王、始皇帝父亲秦庄襄王及其生母帝太后赵氏便都葬在这条延展带上。由此看来,秦始皇将自己的陵墓选定在距自己的父亲秦庄襄王陵以东的骊山脚下,也应该是顺理成章的事了。因为,这不仅符合着依山迎水"乘风气"的风水概念,而且也恪守了晚辈居东的当时的礼制。

秦始皇陵兵马俑

秦始皇帝陵——中国的"金字塔"

从临潼沿骊山北麓东行，地势逐渐上升，直到秦始皇陵为最高点。过了陵墓封土，地势又逐渐下降。而从这陵土堆的高点向南直到骊山又呈现为北低南高的鱼脊地形，因此把陵建在这段高地上，方圆数十里外，举目可见。讲究高大、气派，崇尚富丽、豪华，这本是秦始皇的秉性，再加上他又特别看重自己是第一位皇帝，陵墓的建筑自然也应该与这"第一"的尊荣与权威相符合才是。像咸阳的阿房宫、北疆的长城一样，"穿治骊山"的浩大工程，从秦始皇刚刚即位时便开始了，整整37年，贯穿了他统治的始终。若不是他暴死沙丘，若不是"戍卒叫，函谷举"（唐·杜牧《阿房宫赋》），这工程真不知还要继续多久。仅从这旷日持久的时间上，就已经能想象得出这座中国的"金字塔"的规模该是怎样的空前。

依据史料记载，始皇陵冢高50余丈（约合今115米）。经过两千余年的风雨侵蚀和人为

▼秦始皇陵远景

秦始皇陵兵马俑

封　土

　　墓穴通常在地表以下,且下葬后并不是将土填平成跟地表一样齐,而是高出地面堆出一个土丘。对普通老百姓而言,这个土丘就叫坟头。但对于帝王而言,这个土丘往往很大很气派,而对应这种尊贵身份,就有了陵墓封土之称。

切削,高大的封土已多有流失。虽然如此,今天的实测高度仍然有76米,比西安城南的地标性建筑——唐代的大雁塔还要高。民间传说此陵的高度是以南面骊山望峰的高度为准,看来是一种附会和夸张。始皇帝的这座巨大的山陵,整体呈覆斗状,全部为人工夯筑,外形作3层波浪式起伏,似3座山岗叠压在一起。说始皇陵是一座巨大的山陵,完全不过分,因为像如此规模的人工巨冢,的确是前所未有的。不仅如此,即使是汉唐以来采用人工封土的各代君主的陵冢,似乎也没有能超过它的。想当年商周墓葬皆不封不树,后来孔子为父母的坟垄加了4尺封土,也不过是作个勿忘和找寻的标记,而这骊山巨冢则在古代冢墓制度上成就了以封土为山陵的大变革,并成为空前的皇权帝

▼秦始皇陵远观

力的至上象征。也正因为秦始皇的这种骄奢恣肆，再加上他暴殄天物的秉性，无所不用其极的挥霍，呈现在我们眼前的竟是这样一幅修筑陵墓的浩大而悲怆的画面：72万徒隶，数十年的劳作，血汗如注，死伤无数，圹穴的进度已经是"已深已极"到了"凿之不入，烧之不然"的地步，却仍然要求"其旁行三百丈乃止"（元·马端临《文献通考》卷124《王礼考》，"山陵"引东汉卫宏《汉旧仪》）。封土从陵北五里之外挖取，木材从千里迢迢的荆、蜀地区运来，石料从渭北百里之遥的北山开采，"运石甘泉口，渭水为不流。千人唱，万人钩，今陵余石，大如覆土屋"（晋·张华《博物志》卷6《地理考》），这民歌就是真实的写照。据说那块"大如覆土屋"的"余石"，因搬运困难而遗留在了秦陵以东数里之远的地方，后人称之为"㟁(hěn)石"，意思是残忍之石、狠毒之石，唐代的皇甫湜还为此写了篇《㟁石铭》曰："㟁石苍苍，骊山之傍。镵朴砉瘢，巍然四方。"《太平寰宇记·雍州》也记载道："㟁石，在县东一十里。初，秦始皇之葬，远采此石，将致之骊山，在此不复动。石高一丈八尺，周回一十八步。"直到元代，因为重修灞桥，才把这"㟁石"研开做了桥基。骊山巨冢劳役的残酷和消耗功役之大，于此可见一斑。

秦陵巨冢实在是空前的，它在中国现存的帝王陵冢中，可谓是最雄伟的一座，并且它的

▲秦始皇帝陵遗址公园规划图

陵园建筑格局也为后代帝王的陵寝葬制规划了基本蓝图。目前所能勘查发现的迹象表明：整个陵园占地面积达56.25平方千米，陵园有内外两重城垣，内城周长约3800米，外城周长约6200米。内外城四面都辟有城门，每个门上都有阙楼建筑，内城的四角亦建有角楼。内城分为南北两区，始皇陵占据南区，坐西面东，陵的北侧是大型寝殿以及府藏坑，西侧、南侧都是陪葬坑，如铜车马坑和文官俑坑。内城北区是陪葬墓地，北区的西部是密集的便殿建筑群。在内外城之间又有东西南北四区，其中仅在西区可以确知有大型陪葬坑，如马厩坑、珍禽异兽坑，以及园寺吏舍与飤（sì）官建筑群。东区则有百戏俑坑和石铠甲坑。外城之外的从葬区域范围最广，如果也以东西南北四区划分，则南区呈鱼脊形地势依连骊山,被称为"五岭"的3000多米防水堤坎残基犹存;北区有因取土筑陵形成的方圆数里的洼地——鱼池,以及大型的宫殿建筑;西区是密集的修陵人墓地与石料、木材加工场等;东区便是大型的兵马俑坑等陪葬坑群。由此看来,秦始皇陵园确是一个极为庞大而又规划有致的都城式陵园,它的总占地面积如果包括从葬区域差不多有近60平方千米。这里需要特别说明的是帝王陵园设邑管理,有众多的管理与守护人员,这种制度应该是从此时开始的,并多为后代所承袭。而在陵墓的一侧建置寝殿,也是以秦始皇陵为开端的,同样也为后代帝王的陵园格局所继承。《吕氏春秋·安死》所谓"世之为丘垄也,其高大若山,其树之若林,其设阙庭、为宫室、造宾

▼秦陵地区文物分布

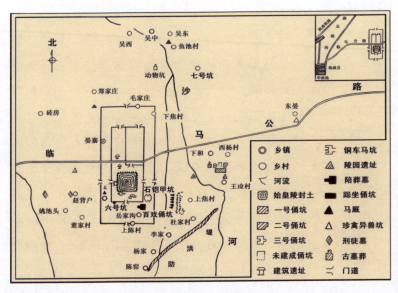

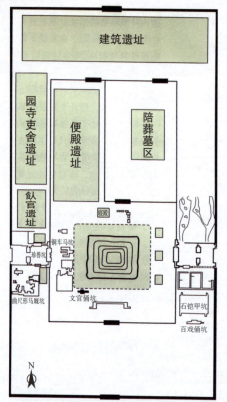

建筑遗址

园寺吏舍遗址

便殿遗址

陪葬墓区

飤官遗址

珍禽坑

铜车马坑

曲尺形马厩坑

陵园

文官俑坑

石铠甲坑

百戏俑坑

N

▲ 秦始皇陵布局图

阵也若都邑，以此观世示富则可矣，以此为死则不可也"，正是针对当时的厚葬制度而提出的批评。《后汉书·祭祀志》也说："古不墓祭，汉诸陵皆有园寝，承秦所为也。……秦始出寝，起于墓侧，汉因而弗改，故陵上称寝殿，起居衣服象生人之具，古寝之意也。……其亲陵所宫人，随鼓漏，理被枕，具盥水，陈严具。"可见陵寝的一切制度皆如生前一般。这些确凿的史料依据，大多已为今日的实地发掘和勘查结果所证实。

有偌大的陵冢，有偌大的陵园，那些已经灰飞烟灭的陵园建筑物也必定是十分高大而雄伟的。晋代葛洪《西京杂记》就曾记载始皇骊山墓上有一对麒麟，"头高一丈三尺"，其高大程度似乎并不亚于茂陵的汉代石马与乾陵的唐代石狮。1977年清理的二号便殿建筑基址的主体部分，面积有64平方米；陵北40米处的大型寝殿建筑遗址，面积达3575平方米；1981年发掘的园寺吏舍建筑群遗址的一部分，面积已达2000多平方米。建筑用的大砖，长41厘米，

▲秦砖

宽20厘米，厚9厘米；木檀大都长10米左右，直径30厘米左右，最粗的达60厘米。特别是所发现的夔纹半圆形大瓦当，直径达61厘米，高48厘米，比一般瓦当高出四倍，被称为“瓦当之

▼秦陵瓦当王

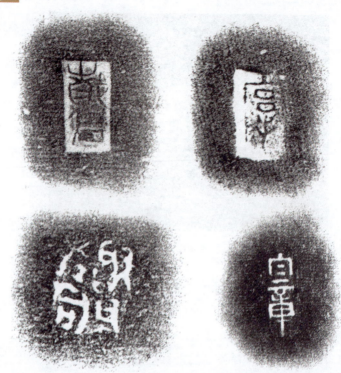

▲秦陵出土的秦砖戳印

王"。通过这些现实文物足以推想当年陵园建构该是如何的辉煌壮伟了。自秦始皇陵兵马俑发现40年来，在陵区内外已发现陪葬坑180余座，墓葬数百座，陵园建筑基址更超过了数百万平方米。试举《西安秦始皇陵园的考古新发现》(《考古》2002年第7期)所介绍的一个考古勘查的数据：在秦始皇陵周围分布有一地下阻排水系统，已究明长度1303米，其中阻水渠长778米，渠上口宽8.4米，底部宽9.4米，距地表最深处39.4米。阻水渠基本包围在陵墓南半部。排水渠长525米,由明井和暗渠组成,共有8段明井、7段暗渠,最深处距地表23米。这一基本绕陵墓一周的大型地宫阻排水系统,是为了阻挡地宫以外的潜水进入地宫而修的。此外,在陵墓以南2千米有防洪堤坝,长1500米,宽80米,残高4米至8米。有如此广阔且讲究的阻排水系统的建设,足以突显秦始皇陵建置的营造之宏伟、设计之缜密与施工之精微。

死者无终极,国家有废兴。面对空前规模的秦始皇陵墓,我们不能不感慨万分。葬制俭薄,本是上古的淳朴礼俗。商周时虽已有厚葬的殉葬置俑,考古发掘中也偶有发现,但春秋战国后似乎更为普遍。《左传·成公二年》说:"宋文公卒,始厚葬,用蜃炭,益车马,始用殉。"这便是厚葬的例子,如今发现的大量战国时期

▼ 五角陶水管道

秦始皇陵兵马俑

墓葬中的车马坑（即以车马殉葬）更是明证。继之而有齐景公、吴王阖闾，"违礼厚葬"，再继之而有秦惠文、武、昭、孝文、庄襄五王，无不"大作丘陇，多其瘞藏"（《汉书·刘向传》）。直到秦始皇帝，更将厚葬之制推向奢侈的巅峰，不仅空前，亦堪称绝后。难道始皇帝不知道圣人如孔子有身处石椁"不如速朽"的激词？难道始皇帝不明白"虽锢南山犹有隙，虽无石椁又何戚"（《汉书·刘向传》)的道理？难道始皇帝没有听说吴王阖闾厚葬 10 年之后即被越人发掘的前辙？难道始皇帝没有看见秦国列祖多遭暴冢、甚足悲也的殷鉴？然而事实毕竟是"自古至今，葬未有盛如始皇者也"（《汉书·刘向传》)。时代的发展，身处的地位，君主的欲望，世俗的观念，想想这诸多的因素，我们对秦始皇的厚葬也就不足为怪了。

"一人之心，千万人之心"（唐·杜牧《阿房宫赋》)，一人之陵，也是千万人之陵。有谁不承认，这规模空前的帝王陵墓——中国的"金字塔"，正是千千万万劳动人民以血汗身躯与智慧凝铸而成的？它是大一统帝国的象征，也是大一统文化的聚焦。一座始皇陵地上、地下所发现的无数文物资源，正是一部秦帝国历史的最真实和最丰富的写照。

地宫的旷世之谜

如果说难解之谜是启迪人类智慧的契机，那么，解开谜底便是引导人类进步的阶梯。当中国的第一位皇帝把生前的穷奢极欲葬在了骊山脚下，那高大的土丘也同时埋入了一个让后人费尽猜疑的"千古之谜"。

披露秦始皇陵地宫消息的第一人便是司马迁。他在《史记·秦始皇本纪》中这样描述：秦始皇刚刚即位，便开始修筑他的骊山巨冢。待到兼并六国、天下一统，更征发来70余万徒隶，穿圹辟基，直达三泉，浇铸铜铁，堵塞渗漏，然后放置巨大的棺椁。冢内建造起宫观殿宇如同生前的离宫别馆，还设置了百官位次，刻石为像，站立两旁。始皇帝生前所能享用到的一切奇珍异宝，尽皆充藏其中。为了防止盗墓，又令工匠制作弩机弓箭，分置四周。假如有人掘入墓穴，误触机关，便会立即遭到弩矢射杀。地宫中用极为珍贵的水银浇灌出百川江河大海，设置机械，使其灌输流动。又用人鱼（鲵鱼）的膏脂燃作灯烛，认为这样可以长久不灭，永远照耀。上具天文之象，下备地理之势，这就是对秦陵地宫景物的形象写照。"累累圹中物，多于养生具"（唐·曹邺《始皇陵下作》）。厚葬到如此的穷奢极欲，真是古今罕闻。试想，被誉为"良史实录"的《史记》，恐怕不会有多少虚妄之词吧？更何况班固也一味因循《史记》之说，借《汉书》而慨叹道："自古至今，葬未有盛

如始皇者也！"（《汉书·刘向传》）

秦始皇陵地宫的奢华与奇异留给后人的是一个极为扑朔迷离的谜，也许正因为这扑朔迷离的诱惑，竟使这地宫之谜在一代又一代的文字与传说中又不断地加以附会和想象，以至变得更加神秘莫测。《汉书·刘向传》就加入了"石椁为游馆""黄金为凫雁"的话，从而民间也演绎出这样一个神奇的传说。晋代王嘉《拾遗记》讲到楚霸王项羽当年挖掘始皇陵时，有人曾看见金雁从墓中飞出，一直飞往西南。后来到三国吴末帝宝鼎元年（266年），日南（今越南境内）太守张善得到这只当地人送给他的金雁。张善"博识多通"，端详金雁身上的铭文，"考其年月"，从而断定这是秦始皇陵中的陪葬物。《汉书·贾山传》更想象那秦始皇竟是穿着"被以珠玉，饰以翡翠"的"金缕玉衣"，

▼秦始皇陵景区

秦始皇陵兵马俑

那陵墓中是"中成观游,上成山林"。再后来,有的附会出"金蚕三十箔"(晋·佚名《三辅故事》),有的附会出"刻玉石为松柏"(元·杨奂《山陵杂记》),有的将"天文之象"想象作"明月珠为日月"(晋·佚名《三辅故事》),也有的竟对"江河大海""地理之势"充满了更为丰富的推测:以沙棠沉檀做成舟楫,金银做成凫雁,琉璃杂宝做成龟鱼,设置机舟自由运动盘施,凫雁龟鱼时时出没隐见,又在水银海中做玉象鲸鱼,衔火珠为星月,以代替膏烛。(晋·王嘉《拾遗记》)大概也是出于受"金雁银蚕多奇物"的诱惑吧,民间还有一个颇为离奇的想象,那就是"秦王地市"的传说:秦始皇陵有一地市,也就是地下贸易市场,地下的死人与地上的活人相互买卖交易,市场公平,活人不能欺诈死人。(汉·辛氏《三秦记》)传说虽荒唐,却颇有意味。想必是地上的活人太想得到地宫中的"奇物",而地宫中"计以万数"冤死的宫女与匠人又太想得到生命的温暖,如此,这奇想也是够酸楚的了。晋人潘岳在《关中记》中曾这样推断:"此陵虽高大,不足以消六十万人积年之功,其用功力,或隐不见。"的确,这隐而不见的功力除了表现在大工程量的采石取土与陵园建筑上,还应该更多地隐存于地宫里的构造与瘗埋的珍藏,以及更多地隐存于广阔的从葬区域内那以兵马俑、铜车马为代表的无数

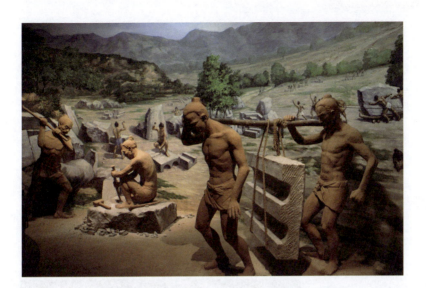

稀世瑰宝之中，而后者又无疑已经构成了秦始皇陵地宫的"谜外之谜"，特别令当今世人为之震惊，为之着迷。

▲ 秦始皇兵马俑博物馆内展示的修建秦始皇陵时的采石场场景

　　古人云："德弥厚者葬弥薄，知愈深者葬愈微。无德寡知，其葬愈厚，丘陇弥高，宫庙甚丽，发掘必速。"（《汉书·刘向传》）历史果真如此：吴王阖闾厚葬十余年而越人挖了他的坟；秦始皇父祖以上五代君王无不大作丘垄，多所埋藏，结果无一例外地都落得发掘暴露、"不如速朽"的可悲下场。那么，像秦始皇这样空前的巨冢、空前的厚葬，即便能够在大自然中风雨不动，又怎能够在人为的破坏下安然无恙呢？"楚虽三户，亡秦必楚"。秦始皇入葬封圹不过4年，刘邦和西楚霸王的联军便入了关中。结果不仅是第一个封建王朝覆灭了，而且骊山

秦始皇陵兵马俑

楚人一炬

《史记·项羽本纪》记载："项羽引兵西屠咸阳，杀秦降王子婴，烧秦宫室，火三月不灭。"《阿房宫赋》记载："戍卒叫，函谷举，楚人一炬，可怜焦土。"这都是指西楚霸王项羽入关后将秦王朝极尽奢华的阿房宫烧毁之事。

脚下那座已经郁郁苍苍的绝好山林也随着"楚人一炬"而变成了焦土。这场浩劫是空前的。据史书记载，当时30万人用了30天时间，还没能把陵墓中的宝物运完，足见陵中珍宝之丰富。从此以后，"关东盗贼"络绎不绝，"销椁取铜"，往往满载而归。终于有那么一天，一位牧童放牧到此，他的羊坠入圹中，牧童手持火把，进去寻找。羊倒是找到了，而那随手扔掉的火把，却焚毁了四通八达的地下宫殿，大火竟一连烧了3个月还没有熄灭。据说，方圆数十平方千

▲ 焚烧过的兵马俑坑

40

米的陵区地面，也随着地官的坍塌而下陷了好几米。这些记载与今天考古发掘中所见到的到处焦土、兵马俑等倒地破碎埋于土中的情形大致吻合。退一步说，即使历史的记载不一定十分可靠，但至少可以说明，秦陵地宫及其相连建筑群体确是遭了火的劫难。从史料中我们还可以知道，后赵的石勒，唐朝的黄巢，以及民国初期的军阀，也都曾在秦陵盗过宝。至于历代不知名姓的掘墓者，更是不计其数，如今在陵区所发现的不少盗掘洞穴便是佐证。因为背了"一代暴君"的恶名，两千多年来，这座陵冢不仅遭到大肆盗掘与践踏，充满了"至今空卧牛羊群"的荒凉，而且，更有"大官骑马踏冢过，不掷天家一炷香"（清·袁枚《始皇陵咏》）的冷落。

中华人民共和国建立以后，祖国地上、地下的珍贵文化遗产切切实实得到了政府和人民的重视与保护。在 1961 年国务院所公布的全国第一批重点文物保护单位中，秦始皇陵即列在其中，并从此开始了前所未有的科学的勘查、发掘、保护和研究工作。假如今天有人要问秦陵地宫的诱人之谜究竟得到了多大程度的揭示，我们的回答是：随着"世界第八大奇迹"的发现，对秦陵地宫之谜的科学揭示工作的确已前进了一大步。1981 年，考古工作者利用地球化学中勘查汞含量的测量技术对秦始皇陵进行探查，竟然得出了秦陵地宫中存在超

秦始皇陵兵马俑

量水银的结论。有关数据表明,秦陵封土下的汞含量是陵园以外土壤中汞含量的8倍。1984年,瑞士日内瓦欧洲核子研究中心的科学家撰写了《应用于考古学的非破坏性探测和层析X线摄影学》一文,发表在次年出版的第六号《谈论》杂志上。文中推测出秦陵地宫中有一直径为25米的青铜环状物。而地宫所在的深度,目前已从封土上向下钻探到26米处,仍然是人工夯土层,据专家推测,其深度应在封土堆下50米左右。著名考古学家夏鼐还认为:"我国古代墓中配置天文图,似起于秦代。《史记·秦始皇本纪》说秦皇墓中'上具天文,下具地理',当是在墓室顶部绘画或线刻日、月、星象图,可能仍保存于今日临潼始皇陵中。"(参见《考古》1965年第2期载夏鼐《洛阳西汉壁画墓中的星象图》)至于"江河大海""下具地理",或许正是对秦代疆域的模拟;地宫中庞大的群体建筑与布局,或许正是对秦都皇城的部分照搬。另外,从吴王阖闾与齐桓公等墓冢中都有"水银池",而水银又易挥发、有剧毒的情况分析,秦陵地宫中的水银,除了用以模拟"江河大海"外,还可能具有防盗这一重要作用。最值得关注的是,2001年在陵园外城垣东北角以北900余米处发现了一座陪葬坑,竟出土了46件青铜水禽,包括鹤、天鹅、凫雁,都是仿真原大,栩栩如生。这就让我们不禁与陵墓中可能存在的

"黄金为凫雁"的文献记载以及有金雁从墓中飞出的传说产生了丰富的联想。既然陵墓中有着天文之象与地理之势，也就或许会有象生的飞禽走兽出没其间的可能。

虽说地宫中所埋藏的珍宝究竟是怎样一种情形还只能是一团迷幻的图像，但考古勘查毕竟已经初步揭开了地宫基本格局的神秘面纱。2003年10月29日的《中国文物报》登载的《科技工作者初步揭开秦始皇墓室神秘面纱》一文这样介绍道：近年来考古工作者和科技工

▲ 铜鹤

▲ 铜天鹅

▲ 铜鸿雁

秦始皇陵兵马俑

作者,应用重力、磁法、高密度电法、地质雷达法、可控源音频大地电磁法、音频大地电磁法、测汞、测氡、测温和弹性波法等物探、化探技术了解到地宫建筑位置、埋深、大小、形状。秦始皇陵地宫位于封土堆顶台及其周围以下,其主体范围东西长170米、南北宽145米。墓室位于地宫中央,高15米,东西长80米、南北宽50米。地宫宫墙高约16米、宽约8米,东西长约145米、南北宽约125米。如此的规模,恐怕在中国历史上没有哪个帝王的山陵葬制能够与之相比。

秦始皇陵地宫之谜究竟何时能够大白于天下,这是目前还难以回答的,但我们可以相信,其中的奥秘一定会随着时间的推移和科学的进步而终将被揭示出来。

▼秦始皇陵秋景

天人际会的发现——"世界第八大奇迹"

漫溯人类文明的进程，我们归纳着文化奇迹的寓意：奇迹乃是社会的至高艺术珍存，奇迹乃是历史的伟大文化宝藏。因此，奇迹必然是具体而可靠的，是特殊而罕见的，是享有极大声誉的，是凝聚着无限创造力和聪明才智的人类文明之菁华。

清朝初期，旅居我国的比利时传教士斐迪南·费尔比斯特（汉名南怀仁）在他的中文著作《坤舆图说》中，最先向中华民族传递了这样一个信息：在地中海东部沿岸地区，有7项公元前3世纪以前完成的宏伟的建筑和工艺高超的雕塑作品，当时被誉为"七大奇迹"，并且历经两千年岁月而约定俗成，名声愈来愈响亮。这"七大奇迹"的名字依次是：埃及库夫王的金字塔、巴比伦城的空中花园、以弗所的阿尔忒弥斯庙、奥林匹亚的宙斯雕像、哈利卡纳苏的摩索拉斯陵墓、罗得岛的太阳神巨像、埃及亚历山大港的灯塔。然而，在国人的观念里，当人们对古代世界七大奇迹的了解愈来愈深入时，扪心自问，却是愈来愈不能够满意。所遗憾的是什么？那就是囿于历史与地理的条件，最早提出七大奇迹的公元前2世纪中叶拜占庭的科学家菲伦，对世界的见闻毕竟是十分有限的，特别是对我们这个世界最大的文明古国的情况所知尤少。因此，"七大"的名目不能具有普遍意义，而且即使对于古希腊古罗马世界的古

小资料

《坤舆图说》

这是 17 世纪比利时人南怀仁用汉语编写的地理书籍，为解说《坤舆全图》而作，初刻于康熙十三年（1674 年）。分上下两卷，上卷为自然地理常识，下卷多为人文地理知识。其中关于五大洲的记述，多采自《职方外纪》而略加新说。

迹来说，也只具有相对的意义，更何况那"七大奇迹"早已名存实亡，只剩下"金字塔"形影相吊在尼罗河畔。怅然之余，屈指我中华五千年的古国文化，正该有伟大的奇迹屹立于古代世界奇迹之林，甚至居于首位而毫无愧色。在与"七大奇迹"的横向比较中，我们无不为拥有永远不倒的万里长城而无限自豪，然而更令人惊喜和庆幸不已的是，在这个伟大的时代，在秦川故土的冥冥之中，在超乎世界的意料之外，一个与万里长城同时代的伟大奇迹蓦然出现在天地之间，这个伟大的奇迹，就是今天举世仰慕并交口盛赞的"世界第八大奇迹"——秦始皇陵兵马俑。

俗话说："踏破铁鞋无觅处，得来全不费工夫。"秦始皇陵兵马俑的发现真是这般的偶然，这般的机缘应时，这般的出人意料……

▼秦始皇陵兵马俑景区的秦始皇塑像

秦始皇陵兵马俑

小资料

临 潼

临潼历史渊源深厚,历经周、秦、汉、唐,一直为京畿之地,因其城东有临河,西有潼河,故名临潼。临潼地处关中平原中部,是古都西安的东大门,南依骊山,东邻渭南,西邻浐灞,北邻阎良。

那是1974年初春3月的下旬,骊山北麓、秦始皇陵东侧约1.5千米的地方,有一个叫西杨村的农庄,村南是一片遐迩闻名的"临潼火晶"柿树园,地面砂石堆积,荒冢累累。柿园正对着骊山的王家崄峪口,出山的水在村东、村西沿着古老的河道涓涓流淌,使得坐落在这地形地势如同鱼脊之上的农庄,不得不为"年年打井年年旱"而忙碌,这也是关中农村在初春农闲时节大搞农田水利基本建设的一项传统"工程"。这一天,村民杨志发等一行冒着料峭春寒,在柿园的一角——西崖畔上开工打井了。与往年打小口井不同,今年要打的是一眼直径3米的大口井。村民们唱起大跃进年代曾风靡北方的民歌:"铁镢头,二斤半,一挖挖到水晶殿,龙王见了直打战,就作揖,就许愿,缴水、缴水,我照办。"一连大干了三天三夜,他们挺顺利地挖开了松软的耕土层,他们又很不顺利地挖穿了坚硬的红土层,这时井深已超过了3米,村民们哪里晓得这不可思议的地层深处的

▼当年出土兵马俑的西杨村柿树林

红土，竟是两千多年前那70万刑徒的劳作之功，竟是那"楚掘牧焚"（语出唐·张九龄《和黄门卢监望秦始皇陵》诗："始掘既由楚，终焚乃因牧。"）的

▲ 秦俑发现人之一杨志发已是 77 岁的老人

斑斑印记——因为当时这眼井有一半恰好挖到了兵马俑的俑坑内，红土层正是俑坑顶部的夯土层和胶泥层。

这一年的3月29日，本是个纯粹的时间概念，对西杨村的打井工程来说只不过是表明进入了第5天，然而对人类的文明发展史来说，却标志着一个伟大的世界奇迹的发现。西杨村的老镢头继续掘进之日，正是那让历史苦苦等待而又姗姗来迟的天赐良机的到来之时。在天、地、人的契合中，经过了80多万个冥冥之夜，第一尊秦俑终于冲破历史厚重的积淀挺身

秦始皇陵兵马俑

▲ 最早出土的兵马俑一号坑情形

出土，傲然重现两千多年前的英武风采。接着，在西杨村村民还当这只是个古庙中的"瓦盆爷"（关中土语，指庙中陶制、泥塑的神像）而不以为然时，又是一大堆陶俑碎片和一束束带着绿色锈斑的青铜箭镞连同3个弩机破土而出。当在距地表 4.5 米处，一发而不可收地挖出了第八个残破的陶俑，并同时发现了铺地的青砖之后，村民们才终于望着不远处高大的秦始皇陵感到了蹊跷，感到了诧异，感到了可能事关重大。于是，他们立即停止了工程，向县文化馆做了汇报。两个多月后，经过初步清理和修复，认定可能是秦代的大型陶俑，而这第一位修复和鉴定者就是县文化馆负责文物工作的专门干事赵康民。这一认定的确非同小可，它首先激动了回临潼探亲的新华社记者蔺安稳那极富职业敏感的热心。6月24日，一份题为《秦始皇陵出土一批秦代武士陶俑》的内情反映递到了《人民日报》编辑部（《人民日报·情况汇编》第2396期）：

陕西临潼县骊山脚下的秦始皇陵

附近，出土了一批武士陶俑。陶俑体高一米六八，身穿军服，手执武器，是按照秦代士兵的真实形象塑造的。……秦始皇陵周围以前曾出土过陶俑，但都是一些体积不大的跪俑，像这种真人一样的立俑，还是第一次发现。特别珍贵的地方，在于这是一批武士。秦始皇用武力统一了中国，而秦代士兵的形象，史书上未有记载。这批武士陶俑是今年三四月间，当地公社社员打井时无意发现的。从出土情况推测，当时陶俑上面盖有房屋。后来被项羽焚烧，房屋倒塌，埋藏了两千多年。

这是披露秦始皇陵兵马俑的第一篇文字报道，直到次年7月中旬，《陕西日报》与《人民日报》才将此消息先后正式公之于世。"第一次发现""史书上未有记载""陶俑上面盖有房屋"都已被今天证实是卓有见地的断言。

这则内参很快引起了国家领导人的注目，当时的国务院副总理李先念亲笔批示："建议请(国家)文物局与陕西省委一商，迅速采取措施，妥善保护好这一重点文物。"1974年7月7日，国家文物局与陕西省委的领导匆匆来到西杨村现场，他们看到又一批武士俑屹立于大地上，在无比的震惊和赞叹之后，秦始皇兵马俑考古工作队成立了，并于7月15日在西杨村安

秦始皇陵兵马俑

▲1979 年一号坑发掘现场（左为袁仲一先生）

营扎寨。这支考古队的第一任队长就是著名的考古学家、秦俑博物馆的首任馆长袁仲一先生。如果把3个多月以前的发现比作一支召唤黎明的序曲的话，那么从这一天起，世界考古史上最辉煌灿烂的乐章便浑然交响于中国的"金字塔"下这片古老的黄土地上。

1975年上半年，一号坑东端被全部揭露出来，出土武士俑500余件，马俑24匹，战车6乘，并同时探清了一号坑的范围和内涵，预计埋藏兵马俑约6000件。面对21世纪最重大的考古发现，国家文物局立即决定建立一座进深230米、跨度达73米、高22米的现代化展览大厅，这就是今天令人们印象最深的宏伟的兵马俑一号坑遗址展览大厅。与此同时，考古工作者对庞大的陵园内外，展开了地毯式的勘探。1976年4月23日，二号兵马俑坑被发现，预计埋藏兵马俑1400余件。同年5月11日，三号兵马俑坑被发现，埋藏战车1乘，兵俑68件。同时还发现了一个未建成的四号坑，这4个

俑坑形成了一个有机的整体。接着，又在上焦
村西发现"马厩坑"，在秦始皇陵封土西侧发现
"珍禽异兽坑"，在赵背户村西发现修陵人墓
地，等等。1980年在陵冢封土西侧发现的"稀世
珍宝"——两乘大型彩绘铜车马，使秦陵兵马

▲ 一号坑全景

▲ 二号坑全景

▲ 三号坑全景

俑的考古发掘又出现了第二次大突破,使"世界第八大奇迹"更锦上添花,奇中出奇。再后来,1996年在陵北发现"动物陪葬坑",1997年又发现罕见而数量巨大的"石质铠甲坑",1999年发现奇异而有趣的"百戏俑坑",2000年发现温和而恭谨的"文官俑坑",同年在陵北发现形神

▼ 铜车马

毕肖的"青铜水禽坑",等等,不胜枚举。另外,在飤官遗址发现的错金蟠螭纹与错银云雷纹"乐府钟"和百戏俑坑发现的重达220公斤、

被誉为"秦代第一鼎"的青铜大鼎，更以其遗世独存的珍贵价值而成为秦始皇陵当年所享有的礼乐与祭祀规模的唯一见证。随着这些考古发现在陵区周边的不断展开与迫近，人们翘首以待的山陵主体封土与地宫的探秘之旅，也必将为时不远。

▲ 百戏俑

▲ 文官俑

55

▲ 乐府钟

诚然，辩证地来看，偶然的契机还需建立在必然的基础之上，因此也不妨说一说这"世界第八大奇迹"偶然发现的必然性之所在。秦始皇陵兵马俑的客观存在，的确在史书中找不到只言片语的记载，但这并不等于那些无生命的陶俑不曾向世人展示过自己如流星掠过的破碎容颜，不曾放射过几缕昙花一现的微光。根据对兵马俑坑地面留存的上起西汉、下至明清的累累墓穴的发掘所见，其中的许多墓穴都发现有与兵马俑一样的碎片，并且大多是被打碎而堆积在墓穴的一角，有的甚至杂置于墓上的封土中。在当地村民的世代传说里，也提到祖辈挖墓打井时曾见过这种"怪物"，正因为被视为"怪物"，结果都给打碎了。值得庆幸的是，1948年焦家村出土的两件完整的高 70 多厘米的跽

▲ 铜鼎

(jì)坐俑，被当地群众当作神像供奉而得以保存下来。1957年郑振铎先生来陕西访问时见到了这两件珍稀的陶塑俑，随即在为《陕西省出土唐俑选集》所作的序文中欣然写道：

在骊山脚下秦始皇陵前，1956年（当为1948年）出土的一对大陶俑，乃是今日所知的"唯一"可信的秦代人物形象。……它们都是屈膝席地而坐，脸部表情安静而富有自信力，它们正是属于秦国全盛时代的伟大美术创作。它们出土于秦始皇陵前并不是偶然的，它们出现于秦始皇陵的外陵的范围以内，可能乃是当时布置

▲ 踞坐俑

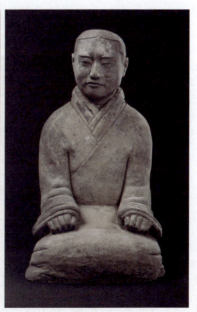

▲ 马厩坑出土的踞坐俑

秦始皇陵兵马俑

在守陵者的屋内,或即埋在地下,作为陵的守护者们的一部分的。

"陵的守护者"这一推断,真是科学的分析和明确的预见。后来,赵康民、丁耀祖在20世纪60年代,又撰写了《秦始皇陵附近出土秦代陶俑和石柱础》(《文物》1964年第9期)和《临潼出土秦代陶俑》(1964年9月15日《陕西日报》)两篇文章,也对此给予了肯定的说法。如今,已经可以确切证实这两件跽坐俑正是1976年上焦村西"马厩坑"发现的跽坐俑的同胞。

岁月漫漫,陵谷迁变。兵马俑大多距地面仅5米之隔,加之新时代农田水利建设的迅速发展,以及人们对文物保护知识的增多及对文物价值的重视,这应该就是秦始皇陵兵马俑之所以能够发现于今天的必然因由。

▲ 箕踞姿陶俑

▲ 跽姿陶俑

横空出世的皇家军团

恰如莽莽昆仑，横空出世，壮伟奇瑰的秦始皇陵兵马俑给世人带来了叹为观止的震撼与惊喜。尽管在咸阳、在徐州、在武威也先后有汉代兵马俑群的出土，但那与秦始皇陵兵马俑的多、大、真相比，都是全然不可同日而语的。更何况秦始皇陵兵马俑乃是皇家军团的再现，是"千古一帝"武力与军威的象征！俯视这万千兵马，俯视这凛然军阵，如同俯视那一段苍茫古远的历史，俯视那《国殇》所描绘的悲壮战场。在俯视中，我们不禁漫想开去，战争是什么？战争是政治的继续，是人类社会各种矛盾斗争最尖锐的形式。君不见我们的炎、黄两位始祖，本就是一对争战不息的兄弟。"国之大事，在祀与戎"。打开《孙子兵法·始计篇》，开宗明义："兵者，国之大事，死生之地，存亡之道，不可不察也。"既然"兵"的问题关系到民族、国家、人类的生死存亡，那么战争只能是你死我活、互不相让。军队当然是赢得战争的主体，但同时还必须用历史进程中最先进的技术与最先进的兵器武装军队，并且还要把当时军事思想的最高智慧施之于战场，只有这样才能达到克敌制胜的目的。由此说来，今日真实再现于我们面前的秦始皇陵兵马俑的军容军阵，应该正是大秦帝国最高军事智慧的形象展露，正是横扫六合制胜业绩的具体昭示。

▲一号坑军阵

▲二号坑

▲三号坑

秦始皇陵兵马俑

▲一号坑前锋弓弩手步兵俑局部特写

▲一号坑后卫着铠甲重装步兵俑局部特写

目前已经发现和局部展开发掘的兵马俑坑共有3座，分别为一、二、三号兵马俑坑，其总占地面积超过两万平方米。从现有的发掘与试掘的资料推测，总计约有与真人真马相同大小的陶俑武士8000件，在兵种上分为车兵、骑兵、步兵；约有陶马700匹，其中包括500余匹驾车的陶马和100余匹骑兵的鞍马；另外还有战车约140乘。

最先发现有陶俑残片的地方就是今天的一号坑。一号坑东西长约230米，南北宽约62米，纵向呈矩形。俑坑顶部距地表深约4.5~6.5米，面积达14260平方米，坑中预计有规律地排列着约6000件陶俑兵马和40余乘战车。一号坑已先后经历了3次发掘，以全部清理揭示出来的坑的东端为例，共出土兵俑1087个，马俑32匹，战车8乘，并由此得以窥见和推知整个坑中的军事编列特征。坑的东西两端，分别有一条南北向的长廊，东廊204个步兵俑面东排作3列横队，以弓弩手为主，象征前锋；西廊也是3列横队，但是最后一列是面西而立，并且是穿铠甲的重装步兵俑，象征后卫。坑的南北之间分为11个过洞，南北两端的过洞各有2队步兵俑，其中靠外面的一队分别面南、面北而立，着铠甲重装，荷弩佩剑，象征右翼和左翼，而靠里面的一队则与另外9个过洞的各4路纵队共同组成了一个面东的38路中心队列，战车与步兵

秦始皇陵兵马俑

▲ 一号坑马俑局部

▲ 一号坑朽车遗迹局部特写

相间，其中以铠甲重装步兵俑为主力。由此布列所见，一号坑俨然是一个"前后整齐，四方如绳"（《淮南子·兵略训》）的"方阵"，是一个全副武装、戒备森严、待命不动的警卫型"居阵"。

　　1976年发现的二号坑位于一号坑东端北侧20米处，东西最长处124米，南北最宽处98米，面积约6000平方米。从试掘情况推测,坑内有兵马陶俑1300余件。与一号坑相比,二号坑的军阵布列要复杂得多,出现了车、步、骑3个兵种,并且在阵式上也不同于一号坑在兵种上的相间排列,而是形成3个兵种相对独立的阵营,外加一个车、步、骑三军混合交错的营垒。二号坑军阵同样是面东排列,而在坑道的平面形制上却呈曲尺形,面积也只相当于一号坑的1/2。二号坑显然有4种军阵,但无论是相对独立也好,整体也好,整个军阵没有面南或面北的左右翼,也没有面西的后卫,一律面东,有将军柱剑立于阵角,有军吏挥手号令,而且无论立俑、跪俑,均作持弩欲射状。这似乎表明,这

▲ 二号坑跪射俑

▲ 二号坑跪射俑

个军阵不具有按兵居止的性质，而是充满了一触即发的临战气息。二号坑的具体兵种编列是这样的：曲尺形东端组成一个弩兵方阵，四面长廊为立姿弩兵，中间4条过洞为8队跪姿弩兵。曲尺形南端组成一个由8条过洞、每条过洞8乘战车编列的车兵方阵。曲尺形中间的夹角部有两个矩阵，南边是一个占3条过洞的车、步、骑三军混合矩阵，北边是一个占3条过洞的纯粹骑兵矩阵。不过，从作为一个整体的军阵来看，二号坑的兵力配量似乎正吻合了"易则多其车，险则多其骑，厄则多其弩"（《孙膑兵法·八阵》）的军事韬略，同时也能够说明骑兵在当时确已成为三军兵力中一个举足轻重的部分。

▼二号坑陶俑出土情形

▲一号坑修复中的
陶俑

　　如果说一号坑是一个静态的防守型军阵，
二号坑是一个动态的攻击型军阵，那么1976年
发现的三号坑则以其动静结合的军事指挥幕
府的性质而显得非常特殊。从攻坚作战的角
度看，它是一个动态的指挥部；从警卫戒备的
角度看，它又是一个静态的大本营。正因为如
此，坑的建筑形制呈平面"凹"字形，面积也很
小，只相当于一号坑的1/27，即东西长28.8米、
南北宽24.6米，面积仅520平方米，兵马俑的总
数也仅有72件。三号坑东边有一条斜坡门道，
"凹"字中部面向东停放一乘战车，"凹"字北
部象征筹战的场所，"凹"字南部象征统理军务
及寝息的场所，加之所有兵俑都相向列队，夹
道仪卫，因此三部分相结合，就俨然形成一个

"一堂二内"式的军幕，这正是三号坑在布局上的别致和复杂之处。

此外，在二、三号坑之间还有一个未建成的四号坑，南北长96米，东西宽48米，坑内一无所有。人们推测，这可能是因为秦末突变的政治形势，导致了"骊山之作未成"（《汉书·楚元王传》引刘向语）。另外，人们还推测，它应该与一、二、三号坑组成不可分割的整体，所以四号坑可能象征着三军中的一军，更可能表现为一种军阵，一种不同于一、二号坑的军阵，从而使4个兵马俑坑能够在总体上达到表现完整军事编制与态势以象征皇家军团的目的。

纵观一、二、三号坑兵马俑的军阵编列乃至装备情况，我们不难发现这样一些值得重视

▼一号坑东端的三列步兵俑

68

▲ 三号坑——军营中的指挥部

的军事问题。比如，全部的马俑均无甲无胄，全部的兵俑亦无胄无盾，是被项羽的军队盗走了吗？似乎并不能盗得如此干净，而且文献记载中秦军是有胄有盾的。那么，最大的可能就是它反映了当时秦军作战时的装备实情。若以"山东之卒，被甲冒胄以会战，秦人捐甲徒裎（赤足露身）以趋敌"（《战国策·韩策一·张仪为秦连横说韩王》）而论，这种情况或许旨在表现秦军有如孟贲、乌获一般"挈头挟虏""勇于公战"的武士精神吧。又比如二号坑的战车方阵是个八八六十四的数列，这显然不同于《六韬·均兵》中所说的"五车为列""十车为聚"的"伍法"编组。那么，这应该也反映了秦军战车编组的实情，或者还象征着古代"天

小资料

六　韬

《六韬》是一部集先秦军事思想之大成的著作，通过周文王、武王与吕望对话的形式，论述治国、治军和指导战争的理论与原则，对后代的军事思想有很大的影响，被誉为兵家权谋类的始祖。北宋神宗元丰年间，《六韬》被列为《武经七书》之一，为武学必读之书。

秦始皇陵兵马俑

子用八"的至尊等级。再比如二号坑车阵中的战车后面没有徒兵跟随,这不同于前代的新情况似能说明步兵在此时已逐渐成为独立兵种。至于一号坑中战车后有徒兵跟随的事实,似又说明了这种步兵独立的情况还没有完全形成,但是从徒兵的数量来看,显然比前代有所增加,这无疑又可以视为步兵地位提高的一点明证。另外,马俑的有鞍无镫,也能说明马镫在当时确实还未出现,等等。

尽管兵马俑坑的设置意图完全是为了陪葬,但是"陈兵"的主题毕竟鲜明地表现了秦帝国"虎贲之士百余万,车千乘,骑万匹"(《史记·张仪列传》)的强大武力与军威,真切地反映了秦军军阵的规模编列与军事思想。同时,也形象地揭示了中国葬仪制度从人殉到俑殉的一个空

▼待挖掘的俑坑遗迹

前进步的典型。另外，与几处汉墓所发现的兵马俑群加以比较，秦始皇陵兵马俑应该就是这种葬制与形式的先河，并且证明了秦兵马俑的存在之于后世并非是一无消息的，它很可能直接影响了汉代以兵马俑作为陪葬明器的葬制。

　　兵马俑群的庞大，无疑象征着秦始皇的尚武精神；兵马俑群的面东而阵，或许象征着时刻警惕山东六国的复辟。虽收聚天下兵器（实际是六国兵器），销铸成十二座铜人以"求其宁息"，而秦陵的兵马俑们却荷戈持矛地配备了数以万计的最精锐的兵器，又可知秦始皇应该是不放心于偃兵息武的，生前不会，死后也仍然不会，这是时代的烙印，也是时代的风尚。军队毕竟是国家力量的象征，是政权的柱石，秦始皇在这一点上的意识自然强烈至极。因此，他不仅把厚葬之制推到一个巅峰，而且将兵马俑作为一种重要陪葬器物，并达到了前无古人、后无来者的程度，这与其说是异想天开，不如说是惊世骇俗！值得庆幸的是，正由于此，我们才得以在兵马俑横空出世的今天，真真切切地步入一个具有历史意义的伟大的"军事博物馆"，欣赏到一幅秦帝国皇家军团威武壮观的陈兵图。

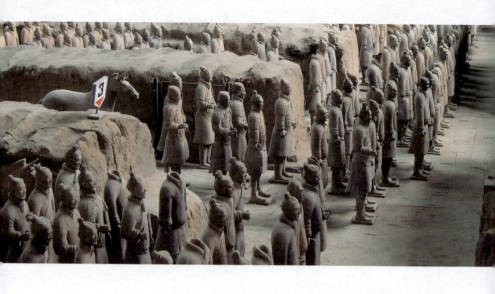

建筑独特的"井干式"坑道

人类文明的进化，是一个富有文化进步意义的系统工程，其中衣食住行，作为人类进化最基本的物质条件，必然成为人类文明进化中最切实的方面。从这个角度来审视，我们要了解秦始皇陵兵马俑坑建筑的独特之处，就不妨先从我国建筑文化的渊源和体系的形成说起。

提起建筑，我们自然会想到与自己生活息息相关的居室，因为最早出现在人类历史上的建筑，原本就是作为遮蔽和休憩的房屋。从原始的穴居、巢居，到先秦的"茅茨土阶"、"四阿重屋"（即四角设柱，如《周礼·考工记·匠人》郑玄注"四阿，若今四柱屋"），直至近古的亭台殿阁与现代的高楼大厦，居室文化正是建筑文化的先河和主流。当原始先民穴居野处时，是一位被后代称为"有巢氏"的人文初祖，教民"构木为巢"，连接枝叶，居住树上，以避免野兽的侵害和湿热的地气。"昔者先王，未有宫室，冬则居营窟，夏则居橧巢"（《礼记·礼运》）。从穴居到巢居，这并不仅仅是随季节、地气而变更的两种居住形式，其更重要的意义则在于这两种居住形式的结合，终于萌养了中国传统建筑体系的胚胎——土木结构。当巢居的先民后来学会砍下树干，植立地上，横架木材，构成屋子的骨干；当穴居的先民后来学会凿地为坎，积土为墙，又加以夯实，于是以

秦始皇陵兵马俑

73

栋梁为骨骼、以墙壁为肌肉的中国独特的土木结构建筑体系就这样诞生了。我们今天可以看到的仰韶文化类型的西安半坡村和龙山文化类型的河南庙底沟正是最原始的典型。如果说"人猿揖别"是实现了一个伟大的物种进化的话，那么土木结合的住居工程的创造，就是人类历史在"小儿时节"诸多文明进化中的一个颇具意义的标识，同时也在世界建筑体系中树起了独特的一支。

既然在结构原理上，从上古到现代的建筑都是一脉相承、略无二致的，那么秦代作为承前启后的一个历史阶段，其表现在建筑文化上的进化，理应在上木结构技术上比起三代以来更为进步，而不可能在建筑体系上完全脱离母体，异化血缘。随着岁月的浸远，山河的变迁，

▼一号坑的陶俑和隔梁

万里长城、百米鸿台、三百里阿房、空前的山陵，历史的云烟早将始皇帝这些穷奢极侈的土木构筑一一荡去而令人空存想望。然而兵马俑坑的发现，终于成为一件幸事，一件十分有意义的幸事。因为从建筑的角度，它形象地揭示了一组土木结合的构筑形式，虽然它属于陪葬的地下冥居的一类，却也能够因此而推知地表建筑的结构体系和技术。也正因为它属于地下的构筑，但又非同墓穴性质，从而形成了它融穴、巢为一体的"井干式"坑道建筑的独特性。所谓"井干式"建筑，即我国传统木结构建筑中以梁柱作"井"字形构架起来的建筑方法。名称源于汉代的"井干楼"。司马贞为《史记·孝武纪》作的《索隐》说："言筑累万木，转相交架，如井干。"颜师古注《汉书·郊祀志下》也说："井干楼，积木而高，为楼若井干之形也。"又说："井干者，井上木栏也，其形或四角，或八角。"那么，遍观已经发现的古代陵园中作为陪葬的地下构筑，这种如秦陵俑坑的架木棚顶的屋宇结构，迄今为止，也确实是罕见而独特的。

已发掘的秦始皇陵一、二、三号兵马俑陪葬坑，虽然在坑道的布列形制上各因其内涵的差异而不尽相同，但在建筑结构形式和技术上（包括铜车马坑、石铠甲坑、文官俑坑等）却是完全一致的，都是地下坑道式的土木结构建筑。其构筑方法大致是这样的：先根据俑坑的形制、

秦始皇陵兵马俑

75

大小,挖掘约5米深的土坑。然后,沿着土坑周边的内侧包镶夯土用以加固形成坑壁。坑道底部用填土逐层夯筑,约40厘米厚,作为地基,再在土坑内部平行筑成一条条宽约2.5米的二层台式的夯土隔墙,从而形成一方方狭长的坑道。在隔墙的两侧及土坑的四周密竖木柱,间距在1.1~1.5米,立柱底端横置枋木作为地栿,立柱顶端承托着梁枋,平面呈"工"字形,立体形成"积木而高,为楼若井干之形"(《汉书·郊祀志下》颜师古注),亦即如井上栏圈的"井干式"木构框架。在此框架及夯土隔墙上搭盖密集的棚木,棚木上覆盖一层芦席或竹席,席上覆盖一层约30厘米厚的掺和胶泥,再填盖约2米厚的黄土逐层夯筑,由此形成高出当时地表的坑顶。另外,俑坑的底部还平列无错缝地墁铺了一层青砖(石铠甲坑与文官俑坑则是以方木铺地)。从坑底青砖到坑顶棚木的内部空间高度约3.2米。最后,将兵马俑送入坑道中,按特定的队列置立在青砖上,随之用密排立木

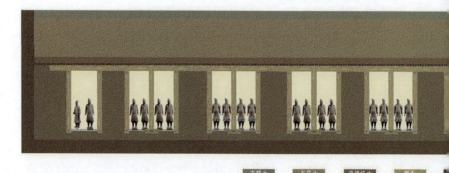

农耕土　五花土　坚硬红土　棚木

把门道封堵起来，立木外贴一层席，再用夯土将整个门道填实。至此，一个独特的"井干式"坑道建筑便完全封闭在地下了。

兵马俑坑作为一项土木构造，其所使用的建筑材料也是很有时代特色和实用意义的。大量用于构架并起承重作用的立柱、梁枋、棚木等骨干十分粗大，立柱的直径大多在30厘米左右，有方、圆、八角形3种。柱端的梁枋，有的直径达到60厘米左右。平铺的方形或圆形棚木，也多为直径约30厘米、长度约6.5米的巨型木材。用以覆盖棚木的铺席呈人字纹结构，这种编结法在当今民间尤其是关中地区仍广泛流行。由此可知，人字纹编结法的不易变形性，在当时已早为人们所认识。说华夏文化"源远流长"，这铺席编结法，也是一个绝好的见证。用以覆盖铺席的胶泥是由黏性较大的自然红土和细沙、石灰掺和而成，质地坚硬，防渗性能好，用于建筑，自然可以延长建筑的寿命。用来铺地的秦砖，大致有大型条砖（42厘米×19.5

▼"井干式"坑道建筑结构示意图

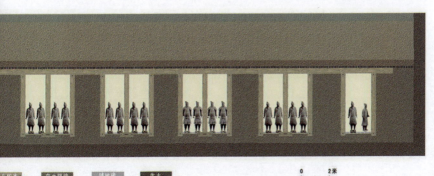

头枋木   夯土隔墙   铺地砖   生土

0   2米

厘米×9.5厘米)、中型条砖(41.5厘米×14厘米×9.5厘米)、小型条砖(28厘米×14厘米×7厘米)、方形砖(29厘米×19.5厘米×9.5厘米)和长方形子母砖(27.4厘米×13.6厘米×7.9厘米),其中以青灰色(也有可能因受到焚烧而呈橘红色者)的小型条砖为多,砖上有细绳纹,质地细而坚硬。在大型条砖上还发现有"左司空婴""右司空尚""都昌""宫水"等戳印文字。墁地砖的铺排方法均为平铺,不错缝,纵横成行,这种方法足以说明砖的利用和铺砌水平尚处在简单原始阶段,同时也可以佐证我国建筑材料中砖瓦的发达时期较晚。《尔雅·释宫》说:"瓴(líng)甋(dì)谓之甓(pì)。"《诗经·陈风·防有鹊巢》又说:"中唐(庙中路谓之唐)有甓。"甓,就是砖。可知,砖在当时仅用于铺路和屋室地面。另外,"秦砖汉瓦"的说法,应能代表当时建筑材料的新特色。罄荆蜀之木,竭北山之石,倾万民之力,尽数十年之功,秦始皇陵园地上地下的建筑工程之宏伟规模是绝不亚于阿房宫的。仅以袁仲一先生在《秦始皇陵兵马俑研究》中对已发掘的兵马俑坑的估算数据为例:总面积为2.5万平方米,平均深度5米,挖掘的土方量近13万立方米,铺设地砖达25.6万多块,用木材8000多立方米,铺席近2万平方米。可见若以兵马俑坑建筑在庞大的秦始皇陵园建筑群体中只不过是沧海一粟来推想,中国古代的

▲ 地栿、铺地砖解剖

帝王陵园建筑之最，恐怕是非秦始皇陵莫属了。

　　由于兵马俑坑在体系上同当时的地表建筑相一致，因此从中必然能够印证和推知秦代建筑中一些技术上值得关注的问题。比如以梁柱为主体的"井干式"构架，立柱排列整齐，左右前后对称，尤其是个别柱头与梁枋的结合部有榫头卯眼结构的迹象，这无疑是先秦建筑史上的一大进步。以夯土隔墙和贴壁立柱相辅相成起承重作用，这与已经探明的秦都一号宫殿基址遗迹和秦始皇陵园地面建筑基址遗迹的结构形式也是完全相似的。立柱底端无石质基础，而以地栿承之，角柱有的是双柱，柱头与梁枋的交接处未发现斗拱遗迹，梁、柱的立体结构尚不牢固，这些又呈现出以梁柱为主体的"井干式"构架的早期特征。又如一条条

秦始皇陵兵马俑

▲ 带字砖

狭长的夯土隔墙,不仅可借以加固、支撑贴壁而立的木构框架,从而共同起到承托顶部重量的作用,同时也十分智慧地避免了当时还无法解决大跨度土木结构建筑的时代性难题。从隔墙的夯筑方式看,属于先秦时期已广泛使用的"版筑",也就是在筑墙时用两板相夹,以泥土置其中,用重物夯实的方式。这也与当时的万里长城乃至各个城邑所采用的版筑技术没有什么差异。而且这种古老的土墙夯筑法,上可以追溯到《孟子·告子下》所说的"舜发于畎亩之中,傅说举于版筑之间"的时代,下可以沿至今天,仍在为民间建筑院墙所采用。再如青砖在我国建筑材料史上出现于春秋战国时期,到秦汉时开始较多使用,但在此之前还主要是用于铺地,而尚未发现用于砌墙的文献资料及考古发掘,兵马俑坑中的铺地砖也说明了这一时代特征。不过,令人们惊奇的是在一号坑东南角发现了一小段砖砌墙壁，高1.65米，宽0.85米，系平铺叠筑，不错缝，用细泥作黏合剂，墙面凸凹不平，其铺砌方式与俑坑中的铺地砖显然是一致的。据推测，这段砖墙的形成原因，可能是修筑时原夯土边墙局部倒塌，而临时用砖来修补。不论其砌法是怎样的原始简单，它的出现毕竟是我国目前已知的最早的砖墙。从这一点来看，的确还是颇有意义的。

最后，我们是否可以得出这样的结论：随着秦始皇陵兵马俑坑的发现，本于华夏文化的母体而滋生并形成的独特的土木建筑体系，有力地充实了秦代建筑史的不足与缺憾，土木结构中的一些重要环节由此得以衔接和过渡，甚至因为这种土木结构极为独特地被应用到了地下，从而又使地下冥居建筑种类出现了一个罕见的新形式。

▼砖墙遗址

秦始皇陵兵马俑

秦川健儿的威武风采

不同的历史文化特质，根植于不同的历史文化土壤。既然西方的历史文化土壤必然产生具有代表意义的灿烂的古希腊文化，那么，东方的历史文化土壤也必然会产生具有代表意义的辉煌的古华夏文化，尽管它们的历史内涵与文化格调迥然有别。在进行人类文明的横向比较中，中国古代的雕塑艺术与古希腊的相比，似乎一直让我们颇感自愧。然而今天，当我们蓦然回首，面对惊世骇俗般耸出人寰的秦始皇陵兵马俑，世人不能不由衷地认可：中国的古代雕塑艺术竟然有过一个如此写实的辉煌时代，那些栩栩如生的兵马形象，足以与被视为规范和高不可及的模本的古希腊雕塑竞秀比美，并从此成为东方文明乃至世界文明中一个无与伦比的伟大奇观。

"前不见古人，后不见来者"，只要徜徉于秦始皇陵兵马俑这座非凡的艺术殿堂，便会禁不住产生这样一种对人类新发现的文化奇迹的惊讶。这惊讶并非产生于那单个的俑体形象，而是源于整体的规模与气势，源于体大、量多、形真的浑然一体的群塑主题效果。诚然，相对于陶塑艺术的源远流长，"俑"不过是一个晚出的形类。泥车草人，是自古有之的殉葬明器，因此面目逼真、酷似生人的俑的形象一旦出现，竟曾遭到孔圣人痛心疾首的谴责："为刍灵（草人）者善，为俑者不仁，殆于用人乎哉"

秦始皇陵兵马俑

(《礼记·檀弓下》),"始作俑者,其无后乎"(《孟子·梁惠王上》)。然而,文明必定取代野蛮,俑殉的真正目的不仅是为了取代刍灵,而且是为了取代野蛮落后的人殉,这无疑是春秋战国之际随着社会大变革的进行而影响到丧葬制度的一大历史进步,理应视作封建制战胜奴隶制的一个重要标志。升华到这个主题意义上来审视,秦始皇陵兵马俑宏大的群塑形象,也就不仅仅代表着先秦雕塑艺术的伟大成就,而且还应该象征着大一统封建制度的彻底巩固。

就再现秦川健儿"赳赳武夫,公侯干城"(《诗·周南·兔罝》)的风采而论,秦俑在塑造上十分成功地运用了形神毕肖的写实手法。写实之一是形体。自古以来,常以身长8尺(约合今制1.84米)来形容英雄壮汉、力士勇夫,而秦俑的身高大多正在1.8米左右,最高达2米,个别最低者为1.75米。这种高大的陶俑体形,在陶俑塑造史上,不仅是空前的,甚至是绝后的,它首先给人以体量上的真实感。写实之二是数量。8000件的数目,同样是空前绝后的。个个武装,一一成列,组成超越感官想象的宏大视觉空间,从而给人一种置身于有着摧枯拉朽之势的千军万马之间的震撼感,这当然也是更大体量上的真实感。写实之三是形象。这是再现秦川健儿风采的聚萃处,不仅高矮、胖瘦有别,而且脸型、须发互异,甚至于眼角眉

▲ 高级军吏俑

▲ 中级军吏俑

▲ 车士俑

▲ 武士俑

▲ 御手俑

▲ 立射俑

▲ 圉官俑

梢、鼻梁嘴唇，无不各具神情气色，正所谓千姿百态，栩栩如生。这些精密细微的刻画，无疑增加了秦俑形象活脱脱的真实感。

　　细细观赏秦俑容貌的刻画，我们不难看出这样一个历史事实：秦的统一同时促进了关中、关西与关东，乃至西北、西南地区各民族的大融合。固然大嘴、厚唇、阔腮、宽额、单眼皮的秦川人居多，但也不乏高大强悍、淳朴憨厚的关东人和圆脸尖颔、低矮机敏、嘴唇较薄的巴蜀人，以及高额厚耳、宽鼻小眼的甘陇人，甚至高鼻深目、高颧骨、络腮胡的西北少数民族，应该说，这正是当时秦军士卒基本来源地域性的真实写照。研究者还根据秦俑面部特征将脸型归纳为"国、用、田、甲、目、申、由"等7种，从中正可以反映工匠们观察与体验生活的细微，以及再现手法与雕塑技艺的高超。

从秦俑容貌的刻画中，我们也不难看到高级军吏俑一般都十分魁梧高大，中级军吏俑健壮次之，而士兵俑则呈现出多种多样的体型，或特别粗壮，或特别高大，或修长清俊，或瘦弱矮小，或稚气一脸，或皱纹满额，或青春洋溢，或成熟稳重，无不毕肖毕现。因此，这正是当时秦军将士形体与年龄的客观情况与真实反映。当然，在兵马俑总体威武雄壮的风采以外，还有一类朝官的容颜，那就是在文官俑坑中新发现的类似于中央文职的文官俑，他们相比于士兵俑的模样，是以其俊丽的脸庞和安闲的神态而被刻画得斯文纤弱、彬彬尔雅。这或许会令人联想到秦始皇陵的陪葬制度正是将生前为他所享用的最珍贵的物质与生前为他所役使的官僚与军队，乃至他生前居住的城池殿堂等，都统统应有尽有地化为像生的形态随他而去，以便他在幽冥中能继续使用。

小资料

文官俑坑

秦陵文官俑陪葬坑发现于2000年初，位于秦始皇陵封土的西南角。平面呈中字形，由斜坡道和前后室组成，总面积约410平方米，前室埋藏陶俑，后室埋葬马骨。共出土文官俑8件，御手俑4件，初步推断为秦王朝主管监狱和司法的廷尉机构。

为避免千人一面或雷同板滞，秦俑雕塑形象在大的形体共性中，也注意到了许多细微之处的个性表现，从而显得千姿百态，活泼多变。譬如立射俑与其他兵俑相比，在姿势上本已形成了一种区别，跪射的姿势无疑是捕捉了一个新奇的动态，持弩待引，寓动于静，扣人心弦，从而打破了多数俑姿在力点上中央僵直、左右均衡的程式化格局。至于五官、发型、胡须的变化，则更是人各有异，不胜其富。仅从流露内心世界的眼睛来看，怒目圆睁者有之，眯眼含笑者有之，憧憬远望者有之，沉思下视者也有之。甚至，眼皮的单双、眼球与眼睑的细微变化也纤毫毕现，这就为再现人物的不同心态

▲秦俑头部特写

▲二号坑彩色跪射俑

和不同秉性，提供了外部形态的依据。秦俑的发型有髻有辫，变化多端。绾于头顶右侧呈圆丘形的是圆髻，多见于战袍武士俑和步兵铠甲俑；结在脑后且多戴冠饰的是扁髻，多见于军吏俑、御手俑和骑兵俑。有人认为秦俑的圆髻之所以绾在右侧，或许和秦代尚右的风俗有关，因为前有战国、后有两汉，俑的发髻都没有绾于右侧的。再看秦俑的发辫，虽然仅只三根、两根、一根之别，但盘结方法却力求多样化，更配以多彩多姿的发簪、发带、发绳和发卡，给人一种颇讲求发型美的感受。其次，自古以来都认为男子之美在于须眉，因为它象征着成熟和壮伟。而当我们细心留意秦俑的胡须时，正发现这些健儿们无不须髯如戟，雄姿英发。这与秦汉时期成年男子都留有胡须的历史实情也是相符的。至于须样之繁多，几乎不胜枚举。如呈现于腮帮与下巴的络腮胡，就有半圆形的圆腮胡须和不含下巴只密布于两颊的髭须之分；还有分布如三角形的三点式髭须，即双颊

▲ 发型

▲ 胡须

颧骨下各有一小片浓髭，下颏上留有一撮小须。更为奇怪的是，这种三点式髭须在一号坑唯一的一位军吏俑面部，还被刻画成了别致的乳头状。又如最为多见的八字胡也有着大不一样的形态，有夸张且写意的大犄角上翘式、双角下垂式、矢叶式和板状小八字胡等，皆不尽相同，因而能更多地呈现出一种艺术的表现。另外，还有几位"美髯公"，上唇是八字胡，下唇则是长须飘飘，极有大将风度。管窥一斑，从中可以看出塑造秦俑的工艺师们精湛美妙的表现技巧和对生活的高度概括与提炼的能力，同时，也真实地再现了秦人丰富的生活情趣和审美观念。

诚然，由于东西方历史文化与民俗风尚的不同，表现在人体雕塑艺术中的手法与技艺也互有短长，因此，若从对人体的表现来看，应该承认秦俑在人体的比例与解剖上都要逊色于同处一个历史阶段的古希腊雕塑。但是，这并不等于我们的古代造型艺术就不把美丽与写实奉为最高圭臬。试以 1999 年发现的百戏俑为例,不论是大腹便便者,还是俊俏精干者,抑或是肌肉健硕者,都能准确展示出人体各部位特别是手臂肩胸的筋骨与肌理,这种高超的写实技艺,大有能够唤醒生命的力量。可见,无论是东方的还是西方的艺术家们,他们都有意或无意地遵循着"有性格的作品才是美的"(《罗丹艺术论》)这个艺术创作的自然规律。所以,尽管古希腊的雕塑旨在张扬个性,秦俑则旨在表现整体意义,而我们却不能不承认,西方有西方的佳境,东方有东方的胜场。秦俑的妙处其实正说明了一个传统的华夏民族的艺术审美观念,即"四体妍蚩,本无关妙处"(《世说新语·巧艺》)。传神写照,菁华聚现,正在于脸面五官之中,正在于将原本缺乏个性的俑集合

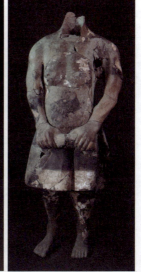

▲ 百戏俑

91

秦始皇陵兵马俑

为整体群塑所表现出来的宏大个性与主题效果中。于是，我们清晰地看到了秦俑在雕塑上的主流艺术思维：写形重于传神，理智多于热情，科学态度多于艺术形象，技艺性多于审美性，客观描写多于主观发挥，模拟现实的写生性多于艺术典型的创造性等审美特色。（刘骁纯《致广大与尽精微——秦俑艺术略论》，《美术史论》1982年第6期）于是，我们便不能不相信，无论当年在咸阳铸造的12个金人是否为缥缈的传说，也无论曾伫立于渭河桥头的力士石像是否只是子虚乌有，面对眼前这一尊尊实实在在的秦川健儿的伟岸雄姿，我们仿佛看到的正是那阿房宫前12座青铜巨人重现的化身，正是那秦国力士乌获与孟贲油然再生的形象。

▼ 骑兵鞍马俑

"车辚辚，马萧萧"

想来"轩辕"的氏号正说明了黄帝乃是"见飞蓬转而知为车"(《淮南子·说山训》)的始祖;想来华夏民族主要发祥于坦阔的中原,宜于行车奔马,因而成为世界上最早发明和使用车马的民族。甲骨之字,《诗经》之句,《考工》之文,朽车之迹,一一可以为证。马踏四面,车行八方,车马的凛凛威风,岂止体现于古代象棋的盘格之上?其作为一种交通与战争的工具,在人类社会的漫漫征程中,早已印下了深远的辙迹。

追溯我国古代战争史,有这样一个重要的史实:从夏商周三代到春秋战国,作战的主要方式是车战,攻防的主要手段是战车,军队的主力是车兵。也就是说"陷坚战、败强敌"的各种战车乃是"三军器用、攻守之具"(《六韬·虎韬·军用》)的首要。的确,巡礼秦俑坑中的"千乘万骑",闻听咸阳古道"车辚辚、马萧萧"的战争音尘,在这大秦帝国"兵车行"的壮烈军阵中,我们有幸真真切切地认识到当时号为"车驰卒奔"的这一主要作战方式,同时也能够真真切切地了解到秦车秦马的方方面面。

秦俑坑已出土的战车目前有30余乘,未出土的尚有百余乘。其中一号坑约有50乘,二号坑有89乘,三号坑有1乘。依据乘员与职掌的不同可分为4类:一是乘载甲士的普通战车,二是指挥车,三是佐车(副车),四是驷乘车。就其形制结构来看，都是木质、单辕、双轮、四马系驾，且都是由可以乘载的车舆、借以转动的轮轴和赖以牵挽的辕衡三大部分组成。这里仅以二号坑的普通战车为例分解如下。

　　普通战车的基本特征是轮高舆短，不巾不

  车舆的遗迹

▲ 车轮遗迹

盖。车舆为横长方形，两侧有供凭靠的輢(yǐ)，前边有供扶持的轼，后边有供上下的门。车舆的可乘坐面积约为110厘米×150厘米，下面是框架，上面密排竹条，再铺一层皮革编织物，形成一种富有弹性的舆底。车舆四周有13根高30厘米的立柱，以连接轼、輢、门，从而形成车栏。此外，车舆通体还饰有漆皮花纹。

车轮直径1.8米，牙(车轮外圈)高10厘米，车辐30根。毂长30厘米，径14厘米，轴长2.5米，径8厘米，轴头两端有铜軎(wèi)和铜辖加以套护，防止轴头碰坏及车轮脱落。辕从车舆下平直伸出，前段逐渐扬起。辕长3.5~3.9米，径6~16厘米。辕的前端缚衡，成"十"字形，横距辕首24厘米左右，长1.4米，径3~8厘米不等。横上有两轭，以套驾两匹服马。横上又对称排列了4只铜环，用以通过辔绳，其系驾方式均与已经得以复原的铜车马相一致。

就车的结构来说，秦俑坑出土的4种战车都是相同的，其区别的特征主要是乘员与职掌的不同，当然次要的还有轮、舆、辕、轴等尺寸大小的差异。普通战车与指挥车虽都是3位乘员，但普通战车的3位乘员都是甲士，包括御手和左右甲士，持矛戈等长兵器并配有弓弩；而指挥车上的3位乘员中则有一位高级别的军吏，另有一位御手和一位司职车右的甲士，并且还发现有用以指挥进退的木鼓与铜甬钟，这种车发现于一号坑。佐车有两位乘员，一位御手，一位车右甲士，作战时跟在指挥车后面，是主车的后备车，级别似较高于普通战车，但在二号坑中发现的6乘佐车都是作为骑兵阵中军吏的备用车或机动车，位于骑兵的前列，与作为车阵中指挥车的佐车有所不同。驷乘车为4人所乘，在古代十分少见，不是通例，显然是在非常特殊情况下具有特殊原因和目的，目前尚不明了。

▼ 轴头两端的铜辖和铜辖

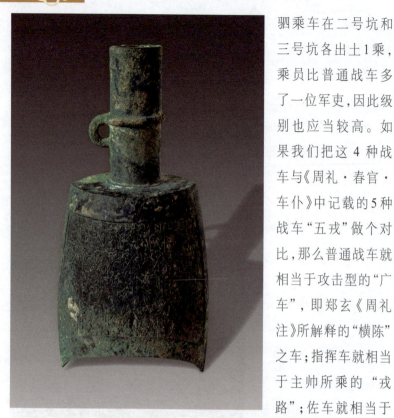

▲ 一号坑铜甬钟

五 戎

五种兵车。《周礼·春官·车仆》记载："车仆掌戎路之萃，广车之萃，阙车之萃，苹车之萃，轻车之萃。"汉郑玄注："萃，犹副也。此五者皆兵车，所谓五戎也。"

驷乘车在二号坑和三号坑各出土1乘，乘员比普通战车多了一位军吏，因此级别也应当较高。如果我们把这4种战车与《周礼·春官·车仆》中记载的5种战车"五戎"做个对比，那么普通战车就相当于攻击型的"广车"，即郑玄《周礼注》所解释的"横陈"之车；指挥车就相当于主帅所乘的"戎路"；佐车就相当于补备补阙的"阙车"；至于驷乘车，因为不是常例，就无法对应了。

总览秦俑坑战车的形制，与前代相比，主要有这样几方面的进化：一是车辕较长，因而牵引更省力，行驰更平稳；二是轮辐增多，因而车轮更坚固；三是车舆增大而车轴缩短、轨距缩小，因而乘员不拥挤，行驶更便利，毂轴更安全；四是一律"不巾不盖"，即《后汉书·舆服志》所说的"轻车，古之战车也。洞朱轮舆，不巾不盖，建矛戟幢麾，辔辂弩服"，因而最便于立乘、射远与格斗。如果说《考工记》中记载最详的是车制，那么秦俑坑中的战车就是它最真实的物证，同时在战国末期车制的细节上还可提供许多有益的补充。然而正如《武经总要》前集卷四《用车》所说："车战，三代用之，秦汉而下，浸以骑兵为便，故车制（即所谓车战之制）湮灭，世莫得详。"这个战争史上的大转变从秦俑坑中的战车已不占主角的地位来看，至少已转变到了步、车、骑三军相配合的阶段。

与真实的木制战车不同的是秦俑坑中的战马都是原大仿真的陶马，总计有600余匹。从已出土的100多匹陶马来看，可分为驾引战车的马与骑兵的鞍马两种。虽说其造型特征相近，但由于塑出众手，在风格上以及某些细部也就显出了差异。

▼ 一号坑内陶马

秦始皇陵兵马俑

▲ 俑坑出土陶马

秦既然是崛起于西部地区并以武力征服山东六国的雄强，无疑也是一个善于养马御马的族群。秦的先民非子"好马及畜，善养息之"，故曾为周孝王养马于汧渭之间，后被封于秦，号称"秦嬴"；造父也以善御闻名并为周穆王献上"八骏"；秦穆公时又涌现出相马大师伯乐；秦始皇更宠养了追风、白兔、蹑景、犇电、飞翮、铜爵、神凫七匹名马。（晋·崔豹《古今注》卷中）甚至商鞅变法时，还制定了盗马者处死的酷律，凡此均可见秦人对马的钟爱与驭马术的娴熟。

秦俑坑中的陶马，与陵园内马厩坑出土的真马骨骼复原后的体长、身高、躯体壮硕的比例关系基本相当，证明陶马都是以真马为原形塑造的。从马种来看主要有两类，用以驾车的马属于河曲马（西部马），用以骑乘的马属于蒙古马（北部马）。前者善挽引，后者善奔突。挽车马齐耳通高约1.5米，头尾通长2米有余，体态特征是较为低矮，马耳稍短，四肢粗壮，关节粗大，胸肌圆阔，脊部宽大，头颈与蹄甲亦较粗大而有沉重感，马尾缚结高挽，秦时"駃蹄苑"中"蹄如趼而健上山"（《尔雅·释畜》"駃蹄"条注）的马应该正是这种河曲马。骑乘马齐耳通高约1.7米，头尾通长约2.1米，体态特征是较为高大，马耳稍长，鼻骨隆突，腿胫细长，背短

▼陶马

而直挺，体瘦而剽悍，头颈虽大而有轻灵感，马尾梳作长辫，一看便知是善于奔驰的蒙古马种。"马八尺以上为龙"（《周礼·夏官·廋人》），"马高六尺为骄"（《说文解字》），"秦马之良，戎兵之众，探前趹后，蹄间三寻（约合七尺）者，不可称数也"（《战国策·韩策一》）。由此看来，秦俑坑中的骑乘马，莫不正是这种飙迅的龙驹、腾踏的骄骏。

陶马的塑造手法可以用洗练简括来形容。除了马头的塑造较为细腻多变以外，四肢与胸部都用大刀阔斧的夸张手法，棱角分明，隆凸劲健，而臀部浑圆，腰部微凹，都没有复杂的线条，体态却十分准确。如果对照伯乐《相马经》所描述的千里马特征：马头方正，眼大有神，耳小而厚，背脊强壮，胸腹宽张，四肢宜长，等等，

▲ 陶马头

秦陵陶马的塑造应该说是合乎标准的。秦陵陶马的逼真还表现在塑工没有忘记把马都塑造成被阉割过的牡马，从而印证了秦律不准驾乘"骘马"（未经阉割的牡马）的规定（《睡虎地秦墓竹简·秦律杂抄》）。而马的牙齿又都被塑成4颗或6颗，这也表明了秦军的战马都处在三四岁的青壮期。同时工匠们也精心地将马的尾巴按不同功能作了区别，即挽车的马为缚尾式，高挽成结；骑兵的马为辫尾式，梳成辫拖在后边。陶马四蹄伫立，姿势固然是静止的，但由于有了奋鬃扬尾、张口喷鼻、昂首嘶鸣的神态刻画，便给人以"骁腾有如此，万里可横行"（唐·杜甫《房兵曹胡马》）的跃跃欲驰的驱动感。据说1984年4月，美国前总统里根来参观兵马俑时，就对这些活灵活现的陶马啧啧称美，甚至还摸着马屁股风趣地说了一句："它会不会踢我？"总之，就塑造技法而论，如果说兵俑在躯干的塑造上还显得幼稚，水平参差不齐，那么马俑的造型就显得比较成熟，标志着秦代的动物造型已达到了相当高的水平。

"辒车霆激，骁骑电骛。"（汉·班固《东都赋》）驾时代之飞轮，御天池之龙种。秦俑坑的千乘万骑不啻再现了当年千古一帝横扫六合、虎视雄哉的威武征伐，也再现了那一段犹然壮烈的历史烟云。

103

一代雄师的"服章之美"

服章者，服饰也。《左传》说："裔不谋夏，夷不乱华。"孔颖达解释道："中国有礼仪之大，故称夏；有服章之美，谓之华。华夏一也。"（《左传·定公十年》）也就是说，华夏大国的冕服采章是文明的象征，而蛮夷部落的被发左衽则是蒙昧的印记。可见作为生活要素的衣冠服饰，自古就被视为聚现着华夏民族精神与物质文明的标志之一。"衣必常暖，然后求丽"（汉·刘向《说苑》引《墨子》佚文），其实是说随着社会的进步，文化的演进，礼仪的完备，经济的发展，衣冠制度也会随之而周详——有了贵贱之别，有了用途之分，更有了性质、纹样以及色彩的千变万化。不过，纯中原式的服饰到了公元前302年竟发生了一场非同小可的革命，这便是赵武灵王的"胡服骑射"，从此融合汉胡、取长补短、军民两便的新服饰开启了华夏服饰的新纪元。

"胡服骑射"是历史的大趋势，也是战争的大趋势。列国争雄，武器强劲，骑兵发展，服饰的顺应潮流而变，也便成了决定军事胜败的一个条件。尽管赵国最终为秦始皇帝所灭，但"胡服骑射"的革命业已风化天下，秦国本身自然也不例外。

秦王朝是短暂的，但作为第一个封建中央集权制国家，其大一统的历史意义十分深远。诸多纷乱的制度，都在秦的强权下得以统一；

秦始皇陵兵马俑

诸多进步的潮流，也都为秦所顺应并推动。服饰，便是其中之一。何以能下这样的结论？不妨纵览古代服饰的发展史。从形象的考古资料方面来看，战国后期到西汉前期的一段显得尤其苍白，而秦陵兵马俑、文官俑及百戏俑的发现，却使我们不仅能够对当时的军服来一个大检阅，而且还能够对当时的民服来一个总透视，古代服饰发展史乃至古代军事技术史自然也因此得以充实和丰富，其意义岂不大哉！

秦俑坑数千名"虎贲之士"所展示的服饰主要是利于实战的军服。除铠甲以外，大都是与民服合一的常服，至少在形制上差别不大，只是质料或许稍有区别罢了。

甲服是主要的作战防护装备，但能够有效地防御青铜兵器

▼一号俑坑出土的双肩无披膊式将军俑甲衣

攻击的甲服通常是犀牛皮甲。而到了战国中期以后,随着铁制兵器和强弩的普遍出现,步兵和骑兵逐渐取代战车,皮甲就不得不在战国后期发生了相应的变革——铁甲问世并渐次成为主要防护装备。秦俑的甲服,虽仍以皮革为多,却也出现了皮铁参用的甲衣,成为铠甲质地大变革阶段的明证。

▲ 二号俑坑出土的御手俑甲衣

秦俑坑出土的大批铠甲武士俑,其甲衣式样因兵种、职位的不同均有所差异。大体可分为高级军吏(又称将军)、中级军吏、下级军吏、御手、一般步兵、一般骑兵等六类甲衣。其中一、二两类数量较少,共同特点是在整片甲衣上嵌缀甲片;另外四类数量较多,共同特点是由甲片直接连缀而成。具体说来,六类甲衣中又分双肩有披膊、双肩无披膊及背带式前胸甲等若干式。披膊,即披护胳膊的甲片。前胸甲,即前胸有甲而后背无甲并以带系缚的甲衣。其最高大华贵者，当推高级军吏的双肩无披膊式，即由前身和后身两副甲片连缀组合而成的甲衣。前片下摆呈尖角形，长达1米（显然只宜于乘车，而不宜于骑马），后片长62厘米。上截为整片皮甲，下截则在皮甲上连缀了250枚铁制小甲片，叠压顺序及连缀针法，十分清晰准确。甲衣的前胸和肩、背部，共有8朵彩带扎系的花饰，显示出高贵的等级。若论甲片数量最多者，应属御手甲衣，由前身甲、背甲、长及手腕处的披膊、护手甲及盆领5部分组成，共有327枚甲片。这样，处在被动挨打地位的御手，在交战中便足以凭借甲衣护卫全身了。再如骑兵甲衣，也颇具实用特征：甲衣较短，前身甲长55厘米，背甲长49

▼二号俑坑出土的骑兵俑甲衣

▲ 石胄

厘米，双肩无披膊，比较轻便，宜于骑射。这种甲衣无疑就是对胡服的取长补短，同时也可以视为后来裲(liǎng)裆甲的前身。

　　当然，秦俑都是陶质的，在表现甲片的质感上不易区别出是铁还是皮，加之出土的秦国铁兵器十分少见，而秦国铁质甲衣的实物更是迄未发现，因此秦国军队的甲衣应该主要还是皮甲。但由于少数高、中级军吏俑的甲衣甲片都较小，且都嵌缀在整件皮质甲衣之上，因此袁仲一在《秦始皇陵兵马俑研究》中对"秦俑的甲衣"解析道：此类甲衣上嵌缀的小甲片可能是铁的，当然这样皮铁混合的甲衣还不是秦军

▲ 石胄

甲衣的主流，还只是皮甲向铁甲转变过程中的一种过渡形式。另外，1997年，随着距离秦陵封土东南约200米处"石铠甲坑"的发现，一种新的甲衣材质——石铠甲——聚焦了人们的目光，特别是石胄（头盔）与石马甲的出土，更是秦代乃至中国考古史的首次发现，具有重要的科学价值。陪葬坑中的这些石甲总数约有500万片，大约可以连缀成8000余件甲衣，而通过实验来统计其劳动量，竟需要8000个劳动力工作一年，可见秦陵工程规模之巨大与艰辛。石质甲片均采用青石切削打磨，以铜丝相互穿结缀合，显然不属于实战装备，而应是从葬意义的明器。但从其丰富的形状、类别和清晰准确的编结连缀方式，却可以见证当时作为实战的皮革甲胄与金属甲胄的制作技术与方法。经过复原的石铠甲可分为三类：一是用较大长条形甲片制成的札甲；二是用小甲片制成的鱼鳞甲，这也是首次发现的秦代战甲的新类型；三是护卫引车马和骑战马的石马甲（披甲）。特别是马甲的使用，到秦代本已成为遗响，因此石马甲的发现不仅填补了实物资料的空白，更在披甲包括颈甲、当胸、身甲、搭后的系挂方法上保留了清晰的技术关系。

▼ 石铠甲

总之，秦俑的甲衣为我们传递了许多以前难以明晰甚至不曾知晓的消息。如兵种不同，职位不同，甲衣的形制及装饰纹样便有所区别。这一方面出于发挥不同兵种的不同作战功能，一方面又受限于当时军中制度的等级划分。再如铁甲少而皮甲多，说明当时秦国军队的甲衣正由皮质向铁质进步，甲片则由大往小变化。同时，也表明秦国在铁甲、铁兵器的发展上比山东六国似乎慢了一步。又如甲片的具体连缀方法，相比于战国时期的湖北随州曾侯乙墓出土的皮质兵甲与残缺的马甲，则叠压编缀形式更为科学坚固，更便于活动与交战，同时也更为美观。可以肯定，战国晚期到秦代的甲衣之成熟与完美，正于此可窥其全豹。

除了大量的铠甲武士俑外，还有大量的不穿铠甲的武士俑。这些武士俑的衣着总的可分为上衣、下衣两类。上衣类包括长襦、短襦、褶(zhě)服、中衣、汗衣等；下衣类包括袴(kù)、行縢(téng)(裹腿)等。

长襦下摆齐膝，根据职位的高低又有复襦(有表有里)和禅襦(有表无里)之分，但形制无大区别。短襦只是在长度上短了一截，下摆仅盖住臀部，形制则与长襦相同。褶服几乎是骑兵俑所独有的上衣，因而人们或认为这种上衣(还应包括下袴)就是"胡服"的真正嫡传，它比襦服袖口窄，双襟小，自然比襦服更便于

小资料

褶　服

褶服为上衣，也是古代的一种便服，与作为下衣的袴服对称。作为汉服的褶，《释名》曰："褶，袭也，覆上之言也。"《急就篇》颜师古注释说："褶，谓重衣之最在上者也，其形若袍，短身而广袖，一曰左衽之袍也。"

抬腿跨马。少数高级军吏俑穿双重长襦，其内重长襦即为中衣，中衣往往比外襦长出5~10厘米，加之彩绘，颜色对比尤其鲜明。汗衣即内衣，仅在一部分步兵俑的颈部有所显露。内衣为小圆领，紧束脖颈，但其长短和具体式样，由于被外衣覆盖而难以详知。统观秦俑所展示出来的上衣制度，无一胡服之制的右襟掩压左襟的"左衽"现象。这表明，秦代上衣服式在大的方面依然旧装，而由于骑兵的发展，则不能

▲一号俑坑出土的着襦服、中衣、袴、行縢的战袍武士俑

▲一号俑坑出土的袍服将军俑

秦始皇陵兵马俑

113

不顺应潮流而融合进胡服的某些优点，这就是当时上衣形制的最大特色。

袴（裤）的出现是古今服饰的一道分水岭。袴在春秋以前是没有的，那时的下衣是围裙似的裳衣，后来发展到下袴，即胫衣，又叫褰（qiān）袴、套袴。虽说已经是两条袴腿各有跨别，但又是中裆不连。中裆不连，自然不便于骑马，因此连袴裆显然是随着骑马的兴起而出现的，而且无疑肇端于西北游牧民族，进而影响到中原地区。特别是"胡服骑射"的革命，促使这种延续至今的下衣形制迅速风行天下，这一点从秦俑坑的兵俑（不仅骑兵，而且包括步兵、车兵）下体均穿连裆长袴或短袴的情形得到了充分的证实。行滕作为袴的附属，用来扎缚腿胫以便行动轻捷。在秦俑坑中表现为处在军阵前锋部位的步兵俑都扎缚行滕，这正是出自便于冲锋陷阵的目的。

冠、履、靴也是服饰的重要品类。就秦俑所表现出来的具体形制看，冠的一类有皮弁（biàn）、长冠、鹖（hé）冠之分，另外还有一部分俑头戴短耳介帻（zé）。皮弁形如覆钵，以鹿皮为之，领下有条带扣结，冠小而浅，仅能盖住顶发。因为仅在二号坑的骑兵俑冠饰中出现，可知其具有轻巧紧束、利于迎风奔驰的长处。在形制上，咸阳杨家湾一号西汉大墓出土的骑兵俑弁和秦俑的弁有着明显的一脉相承之处。长

▲ 皮弁

▲ 长冠

▲ 鹖冠

▲ 介帻

冠形如梯形，约长15厘米，有单版与双版两类，多为御手俑、部分车右俑及中下级军吏俑的冠饰，基本样式是头梳扁髻贴于脑后，头戴鹊尾形冠。其中戴双版者均为中级军吏俑，看来戴长冠者的地位要高于一般士兵俑。长冠本源于楚国冠制，又名"斋冠"，为秦所沿袭后，广泛用于军队冠服，而不只限于斋祀时才戴。长沙马王堆一号汉墓出土的木俑，所戴长冠即与秦俑长冠相同，只是版的长度更长一些。鹖冠是高级军吏俑即将军俑的冠饰，俗称大冠，特点是在冠顶左右加双鹖尾，本为胡服之冠，象征武士的壮勇正如同"性猛好斗，至死不却"的鹖鸡。大概从赵武灵王时为中原所接受，到秦汉时期仍多为羽林虎贲郎将之类高级武官的标志之一。介帻则是一般士兵俑的突出在头顶偏右的短耳冠饰，以区别于文士的长耳。介帻是一种以布帛为质地的软帽，因多为红色，所以又称作"绛帻"或"赤帻"。实际上皮弁、长冠、鹖冠也是以赭色与红色为基本色调的，冠带也多为橘红色，其意图大概是认为赤色代表了勇猛与威武吧。相对于冠而言，履的形制似乎不太多样，除了骑兵俑和部分铠甲武士俑足穿代表胡靴的短筒革靴外，其余的武士俑全都穿着形状基本相同的中原地区传统的麻履。麻履的特征是薄底、浅帮、后高前低，前端有方形盖瓦，整体略呈船形。从身份的区别看，高级军吏俑的履为方口齐头大翘尖履，而一般士

▲ 方口齐头大翘尖履

▲ 方口齐头不翘尖履

兵俑的履为方口齐头不翘尖履或方口圆头微翘尖履。履大多为黑褐色，口缘部分有朱、紫、绿等色，履带多为橘红和粉紫色。除此而外，还有用以束腰和佩挂刀剑饰物的腰带与带钩。带当为革带，钩当为金钩，这可能也出自胡俗。与丝绦质地的绅带相比，这种腰带结系起来的确更趋便利，以至在战国后期成了服饰上的一种风气。至若秦俑所反映的带钩，精巧多变，造型生动，使人大有万千甲兵、带同钩异之慨。

多姿多彩、细致逼真的秦俑服饰是不胜缕述的，它形象地展示了当时的历史文化风貌。举凡社会的习俗，审美的观念，以及民族与时代的特征等，无不从中得到鲜明的体现。上身有褶服，也有长襦，下身有连裆裤，也有短靴，这些汉、胡服饰优胜劣汰的融合表现，军服与民服既有统一又有区别的不规范现象，甲服、冠饰乃至衣履所表现出来的等级差异，以及服色上崇尚鲜丽而又缺乏十分严格的等级界限等等，都是研究秦代社会史特别是舆服制度不可多得的重要资料。

三分雕塑七分彩

兵马俑排山倒海的军阵固然是威武雄壮的，然而，它所表现出来的气氛却是那样的肃穆深沉，甚至让人感受到一种异常的冷酷和肃杀。细细想来，这感受的缘起，无非是来自眼前突兀出现而又难以思议的兵马俑庞大群体的震慑力量和一张张严峻的面孔，或者，乃是源于心中对兵马俑作为护丧的仪卫和陪葬的魂灵乃至守陵的阴兵等种种想象的因素。但是，还有一个因素往往容易被人们疏忽，那就是兵马俑直接诉诸人们视觉的自然色调。那数以千计的青灰色的陶质俑体，拥挤在曾历经岁月与烈火的磨难而泛着微红的黄土层中，正营造出一种苍黄古老的氛围，刺激着人们的感官，进而影响到人们的心境。于是，一缕冷寞与萧索的情绪也就难免隐然滋生了出来。色调？是的。注意到了兵马俑的自然色调，我们就可以循此而进入这样一个话题：色彩——兵马俑的本来面目。我们可以肯定地说，青灰冷峻的基调，并非兵马俑的本来面目；还其本色，则是一派盛装的灿烂彩绘。这是何其炫目的鲜艳，若真能再现昔日的风采，相比今天的色调，人们又该焕发一种怎样的心情？应该是可想而知的。

　　彩绘原是我国雕塑艺术史上一种古老的传统技法，即对烧制后的物体表面施彩描画。如果要追溯这彩塑的渊源，那么，新石器时代以器物为主的彩陶文化已成涓涓先河。如此说来,彩塑的历史更比文字的历史还要悠久。至于彩绘陶俑,则至少在商周时代,就已经开始用作殉葬品了。前文说过,秦祚短暂,但其历史作用却不容低估,因为它在许多方面都完成了对几百年战国时代的总结、融合和升华,以至诞生了一个在形态与机制上都具有全新意义的封建大一统帝国。所以,如果承认兵马俑的发现是衔接起从战国到两汉间雕塑艺术史的一个重要跨越,那么其本身再现的色彩,也应该说是正好填补了这一重要跨越时期彩绘施绘技法的空白。因为,兵马俑所具有的无以比拟的艺术权威性和时代典范性必然是毋庸置疑的。

▼ 一号坑出土彩俑

下面我们就来具体了解一番兵马俑的彩绘情况。

"三分雕塑，七分彩绘"，这大概与俗话所说的"三分长相，七分打扮"的道理是一样的。对于秦始皇陵兵马俑来说，其雕塑与彩绘之间的关系，以及彩绘艺术所具有的魅力和功用，也正好可以借此得到形象的概括。

▲ 二号坑出土彩俑

兵马俑入葬后不久，便惨遭人为的劫难：火的焚烧，坑的毁埋，加之两千多年的水土浸渍，致使俑身的彩绘脱落殆尽，残迹斑驳。所幸还有那么一部分，或未被烧及，或侵蚀较轻，包括兵俑、马俑以及战车，乃至铜车马、文官俑、铜水禽等，仍或多或少地保存着原有的鲜艳色泽，这是最让考古工作者与艺术家们惊喜不已的。从已经发现的颜色来看，其种类包括原色、间色及各种调配过渡色等不少于20种。这当中有红、黄、青三原色，有橙、绿、紫三间色，还有更为多彩的许多调配过渡色，如朱红、枣红、淡红、粉红、粉绿、粉蓝、浅蓝、粉紫、深紫、中黄、赭石，以及黑色、白色和褐色等，真是绚丽异常。化验表明，这些丰富的色彩都属于矿物质染料。仅就色彩的丰富性这一点与战国时期的彩塑相比，便不能不承认兵马俑的创作确实是空前的彩塑典范。

那么，兵马俑彩绘的具体表现和艺术效果究竟是怎样的呢？经过观察比较，可以发现各种俑体的色彩配置稍有差异，并不是千篇一律的某一部位必须用某种颜色。不过，一般说来兵俑大多是红色上衣配绿色或蓝色下衣，而绿色或蓝色上衣则配红色下衣，手和脸多用粉红，衣袖和衣领多用绿色或赭石色，铠甲的甲钉多用黑色，连接甲片的线多用红色；马俑大多为通体枣红色，黑色的鬃，红色的口舌，白色的牙齿与蹄甲，以及白睛黑瞳等等。比如铠甲俑就可以大致分为两类：一类身穿绿色短褐，衣领和袖口押紫花边，披黑色铠甲，白色甲钉，黄色甲扣，紫色连甲线，下身穿深红色短裤，赭黑色鞋子，系橙色鞋带，面、手、足等肤色为粉红，白眼黑珠，眉、发、须均为黑色；另一类身穿红色短褐，衣领和袖口押浅蓝花边，披暗褐色铠甲，红色或粉绿色甲钉，橙色连甲线，蓝色或绿色短裤、赭黑色鞋子，肤色粉红。

这里，我们不妨再从出土彩俑最多的二号

坑中举出几个典型的形象加以详细描绘，以略窥秦俑本来面目。如第1号探方中的一位御手俑和两位车士俑：御手俑上身着绿色长襦，披赭色铠甲，缀朱色甲带，嵌白色甲钉，下身穿粉紫色长裤，赭黑色鞋，系朱红鞋带，头戴白色介帻，配红色发带，帻上又着赭色长冠，冠带为粉紫色，面、手、足为粉红色，白眼黑珠，眉、须用墨线勾勒；御手俑右边的车士俑穿朱红色长襦，镶有粉绿色衣缘，蓝色短裤，粉红色套裤，铠甲、鞋子、介帻的颜色与御手俑相同；御手俑左

▲ 跪射俑的彩绘

边的车士俑则穿绿色长襦，粉紫色短裤，行縢上截为白色，下截为深紫色，其余部位的颜色与御手俑相同。再如第9号探方中的将军俑：红色上衣，绿色长襦，朱色长裤，赭色的履和冠。尤其绚丽的是铠甲部分，赭色甲片上嵌缀着红色甲钉和甲带，甲衣的前后胸及四周边缘绘着精致的几何形彩色图案花纹，双肩与前后胸还有8朵用彩带扎起的花结。又如第12号探方中的骑士俑：身穿镶着朱红色衣缘的绿色上衣，束赭色腰带，下穿粉紫色长裤，赭色短靴，系朱红色鞋带，赭色小帽绘着梅花形的散点或花纹，铠甲的颜色与御手俑相同。

另外，彩绘的表现范围并非仅仅局限于军阵中的兵俑与马俑，甚至并不局限于陶

▼青铜盾牌

▲ 二号车车厢彩绘

质的俑体，那些战车，那些马厩坑中出土的跽坐俑和新发现的文官俑、百戏俑与铜水禽，还有那两乘青铜质地的铜车马乃至车上的一面青铜盾牌，也都是以彩绘作为最后一道补充与完善的工序。就拿铜车马来说，所用颜料有朱红、粉绿、天蓝、黑、白等。其中，以白色用得较多。四马通体为纯白色，车舆上的花纹有的以白色为底，一些图案花纹也以白色勾勒。鉴于在青铜质地上施彩的文物至今尚不多见，所以这彩绘的铜车马就无疑成了古代彩铸艺术的典范与菁华，而且为研究青铜器物的彩绘技法提供了弥足珍贵的原始素材。

罗列了兵马俑彩绘的具体表现，自然便要分析一下运用这种表现手法的艺术效果如何。

秦始皇陵兵马俑

▲ 铜车马彩绘局部

首先，通过前面列举的具体表现，可以看出秦俑彩绘的三大特点：一是绚丽的色调；二是强烈的对比；三是厚重的颜料。前两个特点是外在的，它造成了雕塑对象明快、华艳的风格基调，为整个军阵的容貌平添了几许威武、雄壮而又热烈的气息，从而冲淡了作为守卫陵墓者的阴冷与肃杀，并更加显示出秦帝国军队昂扬蓬勃的精神。此外，通过这些色彩的具体表现，还可以了解秦人的审美观念，比如秦人"衣服旄旌节旗皆上黑"（《史记·秦始皇本纪》）的意识在兵马俑的身上表现得就并不那么明显和强烈，只不过是浅亮的颜色稍少而深重的颜色稍多罢了。另外还可借以研究秦军乃至秦人服饰及车舆在当时现实生活中的配色与彩绘制度。第三个特点是内在的,它牵涉到兵马俑的彩绘技法问题,更具体地说就是前面所讲的"三分雕塑七分彩"的问题。塑与绘的关系是互为补充、互为配合的,之所以将塑与绘的艺术比例作三七开,目的在于强调作为最后一道工序的彩绘对于雕塑本身具有重要的艺术烘托效用。比如古代雕塑技术中有一重要原则,就是眼睛(凹陷部位)要塑得小一点,鼻子(突起部位)要塑得大一点。为什么呢?原来小眼睛的目的是为了给彩绘留下余地,当小眼睛在施彩时被加上一圈黑色,再绘上白睛黑珠,便马上变得大而有神了。这一原则,如实在兵马俑的形象上得到了真切的印证。又比如彩绘的方法都是平涂,在彩色上显不出浓淡、阴阳的变化,要借助立体造型的凹凸起伏的体面与线条来表现。然而,一号坑出土的陶马中有四匹是在受光面涂了枣红色,背光面(如腹、颈下及四肢内侧等)涂了深绿色。这种施彩方法虽不普遍,却可以由此揣测秦俑的制作者,或许是在企图解决如何运用颜色来表现敏感、凹凸等层次变化的问题。再比如兵马俑的大部分部位是涂一层色,但在面部(特别是双颊、眼皮、眉骨、鼻梁、前额及下颏等隆起块面)以及手、足部位,为了表现出皮肤的色泽与质感,便往往施敷两层色,这样不仅在肤色的表现上更

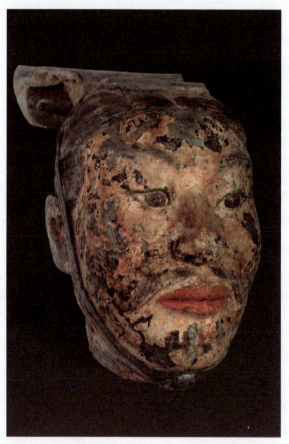

显得真切准确，而且在质感上也更为圆浑、温润。这两层色表现为介于朱红与粉红之间的过渡色，并富有一种晕染的效应，这是值得重视的。在追溯后世晕染法渊源的问题上，秦兵马俑或许正开其先河。

事实上，兵马俑彩绘技法的关键，还在于厚重的颜色这个基本特点上。如果没有了厚重的颜色，就难以收到独特的艺术效果，尤其

▼ 秦俑的面部彩绘层

是聚现着气韵神态的面部的颜料层，更要比其他部位厚得多，甚至可以形成一个完整的"壳"。以前面所列举的二号坑将军俑的石膏模彩绘标本为例：厚涂颜料之前，将军俑的细部显得夸张过分，如胡须、头发，贴塑显得突出，额上皱纹明显、刻露；厚涂颜料之后，额上纹线隐约而含蓄，眉毛、胡须、头发较为机械的

刻线也显得熨帖
了,脸上不仅仅保
留了肌肉感,而且
更增添了皮肤特
别是眼皮与嘴角
的鲜活感。再以
铜车马为例:八匹
马通体白色,鼻孔
和口腔为粉红色;
御手俑面部和手
部底层施粉红,表
层施白色,有效突
显出肌肤的质感。
另外整个铜车的
彩绘也以厚重作
为成形的补充手
段,特别是那些力

▲ 绿脸俑

图表现车舆上铺垫物质感的部件,上面的颜料
往往堆砌填充,组成突起的图案,使人更易于
感觉到这些部件原本是绒绣制品。还有车舆、
车栏、车轼、车盖等部位的彩绘,以白、红、蓝、
绿为主色,以直接堆绘的技法绘出夔(kuí)龙夔
凤、流云、菱花、漩涡、几何等丰富图案,既绚
丽多彩,又素雅清新,足以成为青铜彩绘的典范。

总之,兵马俑厚重的彩绘,显然是被雕塑
者视作了人体或物体表面的一个重要层次,当

秦始皇陵兵马俑

成了雕塑技法的补充手段,而且是不可或缺的臻于完善的最后一道工序。这种表面打底、绘以重彩、以彩补塑的技法,显然直接影响了两汉时期的彩塑艺术,并为汉、唐及其以后大量出现的佛、道、儒三教塑像技艺源远流长地延续了下来。另外,从秦俑丰富的彩绘中还可以反映出这样一个历史事实,即秦人在服色上是崇尚艳丽的,特别以朱红、粉绿、粉紫、天蓝为主流色调,而这种艳丽的服色与主流色调也和车旗衣服一样是"与民无禁"(班固《汉书·叙传》)的,也就是说从衣服的质地到颜色,似乎都还没有制度上的严格等级界限,这一点与汉代以后严格的舆服等级制度形成了截然不同的区别。

世界是丰富的,同时也是多彩的。欲壑难填的秦始皇不仅把丰富的世界拥入了自己的陵穴,而且也不忘让多彩的世界永远辉映在自己的周围,这才是"大象其生,以送其死"、"如死如生,如存如亡"(《荀子·礼论》)观念的最完全的体现。

始皇帝的銮驾——铜车马

小资料

銮驾

也称銮舆。銮即銮铃，用于帝王的车驾上，故銮驾特指帝王的车驾。汉班固《西都赋》："乘銮舆，备法驾。"也借指天子，唐崔道融《銮驾车回》诗云："两川花捧御衣香，万岁山呼辇路长。天子还从马嵬过，别无惆怅似明皇。"

銮驾是帝王的车舆，銮驾是一朝一代一切车辆的菁华聚萃。在当代的人们正追逐着国内的"红旗"与国外的"奥迪""奔驰""林肯""劳斯莱斯""凯迪拉克"这些"总统轿车"而津津乐道、注目艳羡之时，可曾想到在机动车辆出现以前的古代帝王车驾又该是怎样一种至尊的形象！

车的历史并不稍晚于文字的历史，传说黄帝之所以被称为轩辕氏，正是因为在他的时代发明创造了车舆，有了车舆，才进而有了仓颉以一轴、一舆、两轮为线条创造出来的象形的"車"字，才进而有了人类文明借助车轮滚滚而飞速发展的契机和动力。如此说来，作为人文进化的重要标志之一的陆路交通运输工具的

▼秦陵一号铜车马正面

132

发迹史至少可以上溯到五六千年以前了。然而遗憾的是沧桑剧变,岁月无情,木者腐,铁者朽,即便是至尊至贵的古代御驾也终究没能以实物的形式留存到今天,更无论汉代以前的车驾——虽然发现了不少的车马坑,也包括秦兵马俑坑中的上百乘车辆,无不因为都是早已腐朽不堪的木车而难以准确复原,更加之当时文字记载的匮乏,人们就只能从后代有关车制的文字与绘画中去推测周穆王西赴瑶池的乘舆是何等的气派,去想象秦始皇东巡泰山的銮驾是怎样的风采。至于古代车舆,特别是帝王的銮驾,诸如形制构造、系驾关系等一系列疑团,也只好冻结在岁月的长河中,去等待那涣然冰释的一天。

这一天终于来到了。1980年12月3日,这是世界考古史上值得纪念的日子。秦陵考古工作者在陵冢西侧20米介于内城西门与地宫之间发掘了一个面积200多平方米的车马陪葬坑。坑中共有5个甬道,每个甬道安置1组车马,自南而北,前4组车马为木车真马,而最北边的甬道中则出土了1组青铜车马,计2车、8马、2尊御官,其大小都相当于真车真马真人的1/2,总重量约2.5吨。这组铜车马原本安放在一个长方体的大木椁中,木椁早已朽烂,以致填土坍塌,车舆被压挤成一堆碎片,人与马也多腿折身残,总计碎片与零件达3000余件。为

秦始皇陵兵马俑

▲秦陵一号铜车马
侧面

了让世人早日欣赏到铜车马的形象,考古工作者先是奋战了三个春秋,修复了这组铜车马中后面的一辆,即二号铜车马,并于1983年10月1日对外公开展出。接着,又付出了五年的心血,修复了一号铜车马,并于1988年5月1日与二号铜车马一起配套展出。1997年"秦陵一号铜车马修复技术"还荣获了国家科学技术进步二等奖,标志着我国大型青铜文物修复技术已达到国际先进水平。昔日始皇帝的銮驾风采重现之日,正是海内外游客万目所瞩之时。弹指三十年,人们络绎不绝、慕名而来,目睹铜车马精美的造型、华贵的装饰、完备的驾具和精湛的制作工艺,无不在万分惊诧之中发出由衷的赞叹,赞叹这继兵马俑之后中国乃至世界考古工作的又一巨大成就，赞叹这人类古代文明史上的又一伟大奇观。

一号铜车马名叫"立车"，又叫"高车"。车体小巧玲珑，车舆坐面长48.5厘米，横向宽74厘米，呈横向长方形。单辕两轮，驾驭4马，系驾结构十分完整，车马前后通长2.25米，车轴两端距离95.5厘米。车舆中竖立一柄开口直径1.22米、22根弓骨支撑的伞盖，伞柄上的错金银夔龙夔凤纹饰

▲ 伞柄

精美至极，这一伞盖使车的绝对高度升至1.68米。车舆前面与左右三面有拦板，后面敞开，舆内可容2至3人，车厢前安置1柄弩机，在前拦板内和左拦板上各有1个箭箙（fú）（箭匣），共装有62支铜箭镞，其中有4支平头镞，推测是用来发射信号的。车厢内有1盾箙（盾袋），内装1盾牌，正反两面布满艳丽流畅的几何与

▲ 青铜弩

▲ 铜车马铜弩局部

云龙纹饰彩绘。这是迄今首次发现的秦代的，同时也是考古发掘中出土年代最早、形状最完整的青铜盾牌，与1952年湖南长沙五里牌406号楚墓出土的高约63.8厘米的战国彩绘龙凤纹漆盾相较，在形制与纹饰上都十分近似，因而对研究秦代乃至上古三代兵器中盾牌的形制与质地无疑有着重要意义。车厢内有1尊立姿御官俑，高91厘米，头戴鹖冠，背负长剑，腰佩玉环，双手缩着驭马的辔绳。神情安详，体态松弛，俨然一副整装待发的容姿。四匹铜马，沉稳精壮，造型逼真，平均身高约0.6米，身长约1.12米，马首高0.9米。驷马中外边的两匹叫骖（cān）马，负责牵引，里边的两匹叫服马，主管驾辕，每匹马两条辔绳。此外，络头、颈带、腰带、鞘绳以

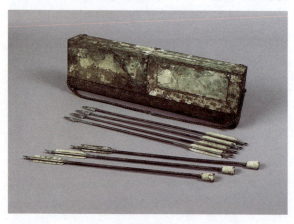

▲ 箭箙与箭镞

及胸前的缨络、右骖马头顶的纛（dào）标等一应俱全。统观这一号铜车马，就如同今日总统检阅时乘立的敞篷轿车，显然是用以短距离如宫廷里、城区内的巡视等。另外，在不乏皇室华贵的装饰及趋于轻便的造型中又配有兵器，则说明这种"立车"应该还具有在战场上供帝王或高级将领观察指挥或开道警卫的"兵车"性质。由此联想到齐鲁长勺之战中，鲁庄公大败齐军，曹刿"登轼而望之"（《左传·庄公十年》）的乘舆，恐怕就是这种"立车"了。

"立乘曰高车，坐乘曰安车"（《后汉书·舆服志》）。如果说一号铜车马就像现代阅兵式上行驶在前面的立乘敞篷车的话，那么二号铜车马，就俨然像一辆行驶在后面用来安然坐卧的轿车了。二号铜车马之所以被叫作"安车"，正是根据它的用途而言，更何况在二号车的一条铜辔索上还发现了四个朱书文字"安车第一"。既然两驾铜车马的用途不同，它们的形制自然就大有区别。首先，"安车"的车舆因为要方便坐卧，就设计得比"立车"大而长。

▼立姿御官俑

秦始皇陵兵马俑

▲ 一号铜车马头

舆厢呈"凸"字形，通长1.24米，分前、后两室，前室仅有护围的栏板，供御手踞坐驾车。后室全包，颇像一座草原牧民的毡包，左右前三面开窗，车门在后。车内宽0.78米，进深0.88米，按1:2的比例扩大，差不多是个双人床的尺寸，完全可以自由坐卧。而那"蒙古包"的顶部，则是一面长1.78米、开口直径1.295米、36根弓骨支撑的类似龟甲状的椭圆形篷盖，正好将前后两室覆盖起来，御手也可以凭此遮阳避雨了。由于整个车舆长而大，使得"安车"车马系驾通长达到3.17米。其次"安车"的御手也与"立车"的不同，呈坐姿，腰佩一柄短剑，身旁放一条长0.75米的锥形铜马鞭，神情则显得更谦恭谨慎些。另外，"安车"的金、银、铜质饰物与彩绘也比"立车"更加丰富华丽、光艳夺目。据统计，"安车"有700多个金制件，900多个银制件，1700多个铜制件，零部件总数达3400多个，车驾总重量为1241公斤。当然，"安车"的4马配制以及单辕双轮30辐和系驾等方法还是与"立车"相一致的，应该都属于帝王车舆中属车或副车的一类。

据东汉应劭《汉官仪》及蔡邕《独断》等文献记载，当时皇帝大驾巡游乘坐的车舆是驾6马的"金根车"，其次"有五色安车，有五色立车，各一，皆驾四马"，再有驾4马的"五时副车"，总共有81辆属车（五色即车色以青、白、赤、黑、黄分别象征东西南北中五方之色）。"金根车"与"副车"共同组成浩荡的銮驾车队。驾6马的"金根车"还未发现，而副车中的"五色立车"与"五色安车"则无疑是这一、二号铜车马的形制。由此，我们很容易想起当年张良雇佣力士在博浪沙（今河南原阳县东南）锥击秦始皇的故事，那被120斤重的大铁锥打中的"副车"，恐怕也正是这"立车"与"安车"中的一种。而秦始皇第五次出游，暴死沙丘，李斯等人秘

▼秦陵二号铜车马正面

秦始皇陵兵马俑

▲秦陵二号铜车马侧面

不发丧，将腐尸掩在鲍鱼之中以乱其臭，用辒辌（wēn liáng）车载尸以还，那所谓的"辒辌车"，据推测就是这种有户有窗、冬暖夏凉的"五色安车"。自此以后，作为銮驾之一的"安车"，在民间又有了一个"丧车"的俗称。

然而铜车马的发现究竟伟大在什么地方，它的重要意义主要体现在哪里呢？

铜车马是秦始皇陵地下王国的重要陪葬物，是秦始皇在冥间车舆制度的象征，当然也是对秦代皇室车舆形制及系驾关系的真实模拟，因而它不仅以完整清晰、精美豪华使人叹为观止，更重要的是，由于它的发现，终于冰释了千年以来由于缺乏文献记述而留下的许多难解之疑。

比如"左骖"位置的确定。"翿"是用羽毛

制成谓之羽葆幢的"以指麾挽柩之役"的古代
葬仪器具，如"及葬执纛，以与匠师御匶（jiù）而
治役"（《周礼·地官·乡师》），后来也演变成
古代帝王车舆上的一个饰物标志，如《汉书·
高帝纪上》所说的天子车"黄屋左纛"的"纛"，
或注解为"纛，毛羽幢也，在乘舆车衡左方上
注之"，或解释说"以犛牛尾为之，如斗，或在
骖（即骖马）头，或在衡"，也有认为是"雉尾为
之，在左骖当镳上"。就其置放位置而言，无
论文献记载是在左车衡上，或是在左骖马轭
（è）上，抑或是在左骖马头上，却都因为缺乏
可以信据的物证而莫衷一是。而秦陵铜车马

▼坐姿御官俑

的发现恰好解决了这
一疑难，两辆铜车马
的纛标都在骖马的头
上，并且是在右骖马
的头上，而不是左骖
马。那又为什么叫"左
纛"呢？有学者这样
认为，车子左旋时，右
骖马处在最突前的位
置，而马头的纛标正
可以为御手指示并确
认方位，从而便于安
全地左转弯，所以"左
纛"的含义应该就是

秦始皇陵兵马俑

为左旋而设的"纛"。更有意思的是，如今靠道路右侧行驶的汽车也往往有在右前方的突出部位安装一柄旗杆标志，借以为坐在驾驶室左侧的司机指示右前方部位，以便于左转弯时确认安全距离，这难道不正与秦始皇陵铜车马的"左纛"功用属于同样的运转机制吗？

再如失传已久的古代轭（马颈上的套具）靷（yǐn）式（即以轭驾车，以靷绳拉曳）系驾方法又重新被发现，而且还能够准确地被认知。所谓系驾，就是马与车是怎样配套，怎样驾引的。今天的马车采用的是从元代开始的鞍套式系驾法，而从元代以前一直上溯到西汉，则采用的是胸带式系驾法，这两种系驾法都是以双辕车为前提的。那么先秦车子的乘驾方法又是怎样的呢？既然先秦的车子是单辕而不是双辕，其系驾方法无疑也不尽相同。为此，尽管长期以来中外学者费尽了心思考证，有的主张颈式系驾没有靷绳，以轭承衡挽车前行，这种方法在8世纪以前的西方仍有使用。有的认为先秦时期已经采用如同后来的胸带式系驾法了。然而，推测终归是推测，铜车马的面世，系驾关系鲜明，靷具挽具齐全，部位准确，形制逼真，使先秦车子的系驾方法一目了然。其系驾关系是：内侧的两服马皆以颈驾轭，再以轭连衡，以衡拉辕，以辕带车。轭具呈鞍桥型，双肢扁平，内侧附有软皮质衬垫，以防马颈

▲ 铜车马部件

损伤,同时也能增强承受力。外侧的两骖马颈部无轭,套靷绳挽车,而且是4匹马各系1条靷绳,连系到车轭、车轴。服马负力靠肩胛,骖马负力靠胸肌,不至于压迫喉管影响呼吸,从而能奔跑自如,力量与体能也可以得到合理而充分的发挥,这无疑比地中海地区与两河流域古代车马的颈带式系驾法和古印度的犄角式系驾法都要科学而优越。这种先进的系驾法,就是我国古老的单辕轭靷式系驾法。这一发现,澄清了多年的疑谬,弥补了文献的不足,并以全新的面目促使中国古代交通史的研究有了一个突破意义的进展。

又比如关于辔绳的数目与执法的问题,在《诗经》中有许多"六辔"的说法:"驷驖孔阜,六辔在手"(《诗·秦风·驷驖》)、"我马维骐,六辔如丝"(《诗·小雅·皇皇者华》)、"四牡骓骓,六辔如琴"(《诗·小雅·车辖》),等等。

按说四马之车用八条辔绳，却为何要说"六辔在手"？又究竟是哪"六辔"握在御者手中呢？当铜车马形象准确地站在我们面前时，以往一切的揣测和推想便都迎刃而解了。答案是：两匹服马的外辔和两匹骖马的内、外辔均掌握在御官手中，这就是"六辔"最准确的含义，从而纠正了自古以来认为将两骖马的内辔系于轼前的误解。另外，铜车马四马均为单靷的事实，也澄清了以往四马八靷或骖马有靷而服马无靷的错误认识。

《考工记·国有六职》认为："一器而工聚焉者，车为多。"《后汉书·舆服志上》也说"一器而群工致巧者，车最多，是故具物以时，六材皆良。舆方法地，盖圆象天，三十辐以象日月，盖弓二十八以象列星"。不错，除了完备的系驾结构具有划时代的意义，铜车马所再现出来的车舆形制及其卤簿文化理念也同样无愧其"千古一驾"的地位。因为它是中国古代第一乘最完整且最真实的"金根车"銮驾的化身，这不仅让后人终于认识了秦代乃至商周时期銮驾的总体形象，而且，还借助于青铜的质地，有幸将一切精巧准确的车舆构造细节，哪怕是一枚销钉，一处子母扣，一条铸焊等数千个交接关系，都十分清楚、略无缺失地保留到了两千多年以后的今天。比如秦始皇当时的"车同轨"制度，究竟统一车轨后的尺寸是多少，史籍疏漏不载，而铜车马的发现，终于使人们测算出了秦代车轨的宽度近乎两米。这个价值和意义不能不说是非常重大的。当然，这组铜车马更为珍贵处还表现在它也是目前发现的最早的、唯一完整的大型铜车马。据说，耸立在欧洲中世纪最大的教堂威尼斯圣马可大教堂门楼上的那四匹古罗马时代的大型金色铜马，原本也有一辆车舆，可惜早已无踪无影。当然若论马的形象，其铸造艺术的精美似不亚于秦陵的铜马，只因不成完璧，所以也就失去了与秦陵铜车马并驾齐驱、东西辉映的资格。这恐怕正是人们称赞铜车马是"人类的财富""世界的奇珍"的道理所在。

▼六辔在手

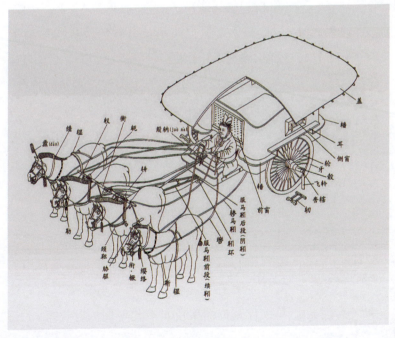

秦始皇陵兵马俑

▲ 单辕轭靷式系驾关系图

至于说到铜车马的铸锻工艺水平和锡铜合金比率及其惊世骇俗的造型艺术,呈现在我们眼前的是一个个叹为观止的镜头:华盖的厚度仅在1至4毫米之间,而面积却有2.3平方米,不能不令人惊诧叫绝。马首的纛标与胸前的缨络,是用0.5毫米铜丝制成的,模仿得与牦牛尾一样,惟妙惟肖。颈饰上肉眼看不到的焊缝,必须在24倍的放大镜下才能发现,堪称鬼斧神工。一些交接处槽孔的处理和活页、子母扣及钮环的连接,与其说是极为规矩,不如说是相当高明,以至于有的地方几乎不敢相信是手工磨锉所能达到的。200多公斤重的铜马,肌肤筋腱,口目耳鼻,乃至鬃毛,无不栩栩如生,呼之欲行,而其剽悍雄壮的英姿也比兵马俑坑中的陶马要更胜一筹。还有那些美轮美奂的彩绘花纹与装饰图案所具有的鲜明的时代感,如铜

小资料

《考工记》
《考工记》是中国目前所见年代最早的手工业技术文献,约编纂于春秋末至战国初。该书在中国科技史、工艺美术史上占有重要地位。书中记述了木工、金工、皮革、染色、刮磨、陶瓷等六大类30个工种的内容,反映出当时中国所达到的科技工艺水平。

146

车马白色的主调以五方色的文化理念而论,正象征着其位于秦陵的西侧以及秦人崛起于西方的方位;趋于抽象的图案,淡化了夏商周三代以来所崇重的兽面夔纹的恐怖与神秘。凡此种种,不胜枚举。也唯其如此,铜车马方能与司母戊大方鼎比肩,共享"青铜之冠"的盛名而毫无愧色。作为青铜器物的代表,铜车马不仅是秦代青铜铸造技艺的结晶,而且标志着即将为"铁器时代"所取代的整个"青铜时代"铸造技术经验的一个全面总结。作为杰出的楷模,铜车马竟成了青铜文化的一束回光返照,但这束光照却显得无比的灿烂辉煌、无比的激动人心。

▼秦陵二号铜车马的御官及车细节

秦始皇陵兵马俑

"铜兵之歌"的壮丽尾声

尽管举世闻名的司母戊大方鼎是我国青铜文化如日中天、登峰造极的标志，尽管青铜文化在战国后期已江河日下，然而，当秦俑坑中数万件品类齐全的青铜兵器以及两驾铜车马重见天日之时，在青铜时代的暮色苍茫里，竟骤然闪照出一片带给世界无限惊喜的灿烂夕阳。

中国的冷兵器阶段通常划分为以石为兵的萌芽期、以铜为兵的发展期和以铁为兵的成熟期，与之相对应的时代就是新石器时代、青铜时代和铁器时代。青铜时代最先进的工艺无疑是青铜合金冶铸技术，因此青铜质料铸就了当时最精锐的兵器。如果用"铜兵之歌"来比喻青铜兵器的发展史，那么，拉开秦始皇陵兵马俑坑的历史帷幕，秦代青铜兵器便是这铜兵之歌在盛世末期最为壮丽的尾声。

自古形容武艺高深有"十八般兵器样样精通"之誉，以至这"十八般兵器"在人们心目中成了我国古代兵器概括的象征。其实，在以铜为兵的时代，主要的实战兵器并没有那么多。秦俑坑发现的近4万件青铜兵器均为实战兵器，主要有三类9种，即短兵器类中的剑与钩，长兵器类中的矛、戈、戟、钺(yuè)、殳(shū)、铍(pī)，以及数量最多的射远兵器类中的弓(弩)箭(镞)。

在已出土的22件青铜剑中，人们发现其最

秦始皇陵兵马俑

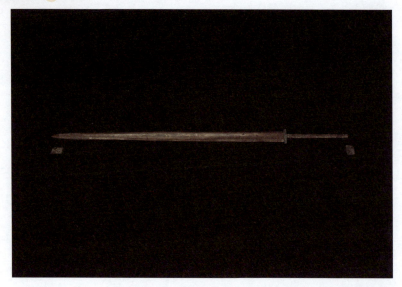

▲ 青铜剑

突出的特点就是剑身比前代更窄更长，且表面呈青白色，说明含锡量较高，硬度较强。剑的长度在春秋时期大约为30厘米，属于短型剑；到战国时期大量盛行时，发展到60余厘米，如1965年在湖北江陵望山出土的"越王勾践"青铜剑，长度为55.7厘米。据《考工记》推算，当时上等剑长度为3尺，约合今制71厘米，而秦俑坑出土的青铜剑竟达到了81~94.8厘米。显然，这是长形剑的代表。剑体加长，无疑加强了格斗的攻击距离与攻击力。剑面窄狭，中部起脊，两侧六棱八面，近锋处束腰，这无疑又增加了穿刺力。但由于剑体较长，所以从胸前腋下不易拔出。难怪荆轲刺秦王时，群臣惊呼秦王"背负剑"，提醒让他推剑于背，才易于拔出。

钩，是秦俑坑出土的最为特殊的兵器。说

它特殊是因为在先秦的兵器中尚未见到过，而在秦俑坑中目前也仅仅发现了两件。其形状如弯月，弧度较缓，齐头，双刃，分身、柄两部分，一次铸成。长65.2厘米，宽3厘米左右，最厚处约1厘米，重约1公斤。据专家考究，这就是《吴越春秋》中所记载的兵器"金钩"和《释名·释兵》中所说的"钩镶"。因"吴作钩甚众"，金钩又被后人称为"吴钩"。如唐宋诗词所说"男儿何不带吴钩，收取关山五十州"（李贺《南园》），"把吴钩看了，阑干拍遍，无人会，登临意"（辛弃疾《水龙吟·登建康赏心亭》）。"吴钩"作为短兵器中的一种，在后代似曾广为使用。不过，唐宋间所谓的"吴钩"，恐怕只是弯刀、钩镶一类短兵器的代名词，其在形制与效用上可能较秦汉时期已有所不同。颜师古

▼ 金钩

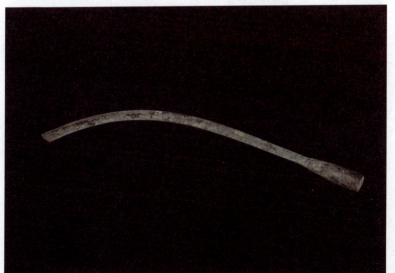

注《汉书·韩延寿传》时解释说："钩亦兵器也，似剑而曲，所以钩杀人也。"秦俑坑中的金钩正是这样一种无锋、齐头、弯曲，用以钩杀、推杀的佩挂式短兵器，是在剑的基础上因效用不同而扬长避短的一个变种。金钩的发现，不仅表明了秦国对山东六国兵器在种类上进行了一大创新，而且，作为早期形制的代表，其在兵器发展史上也无疑具有十分重要的意义。

▼矛

在秦俑坑出土的品种较多的长兵器中，矛、戈的形制与以往出土的战国中晚期的同类兵器大致相同。矛是纯粹的刺兵器，一号坑出土的五件青铜矛的基本特征是：中部起脊，两侧有风槽，锋刃锐利，通体小而窄，呈三角形，横断面呈菱形，连柄通长3米有余，这与《考工记·庐人为庐器》所载"酋矛常有四尺"（合今4.6米）、"夷矛三寻"

（合今5.5米）似不相符。然而研究者认为，文献可能说的是当时最长的矛制，并非步兵与骑兵所执的长矛。实际上，秦俑坑中所发现的最长的铜矛，通体长6.7米，这显然是战车上使用的长兵器了。另外，由于"攻国之兵"与"守国之兵"的不同，其形制也有攻为短矛、守为长矛的区别。至于秦戈，其最大的特征表现为长胡多穿（多为4穿），使援、胡之间的刃部加长，更富钩挽与啄刺的杀伤力。有趣的是在许多矛戈上还刻画着编号或制作者的名字，这在其他种类的兵器上是很少发现的。

矛、戈都是很古老的兵器，而其二者的联合体便是戟。矛在上，具有直刺的功用；戈在

▲ 戟

下,又具有横击的功用。因此戟是战国时期较为进步的兵器。秦俑坑发现的戟,仅在一号坑出土4件,数量虽然不多,却至少在这样两方面成为有力的物证:一是矛戈合铸为一体的形式在战国时期已为矛戈分铸而联装的形式所取代,而且戈、矛相距在20厘米左右;二是与"援"对应的"内",尚未像秦以后呈"卜"状的戟而消失,横出的小枝(援)也未由垂直角度转为向上弧曲,这也是秦戈与汉戈的最大区别。

钺与殳也是多见于商周时期简笨落后的古老兵器。钺是斧斤的一类,长方形,似宽斧,用长木柄夹缚,易脱落,不便利,因此在东周以后数量极少,并且多已失去实战武器的功用,而成为仪卫用的礼兵器,以象征军威。钺在秦

俑坑中仅出土1件，且形制异于前代，应是一个明证。在秦俑坑中还出土了31件未见著录的兵器，均为圆筒形，首呈三角锥状，

▲ 钺

长度为10.5~10.6厘米，直径为2.3~3厘米，銎（qióng）深近9厘米，用以套装长柄。依据"伯也执殳，为王前驱"（《诗·卫风·伯兮》），毛亨的传解释"殳长丈二而无刃"及"殳长寻有四尺"（《考工记·庐人为庐器》）等史料，专家多推测这种兵器就是"殳"。殳的落后性，在于它

▼ 铜殳

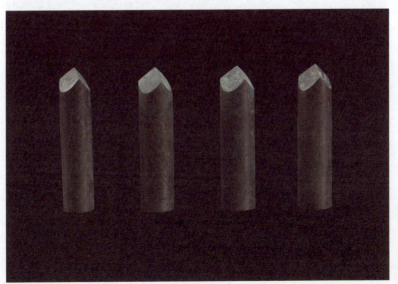

只能用以锤击，而不能击刺和钩杀，因此到战国时期也多成为仪卫用的殳仗队礼兵器。秦俑坑中殳的出土数量虽多，却有30件集中在象征着指挥部的三号坑，加之与湖北随州曾侯乙墓出土的战国铜殳相比，首部更趋平钝，因此作为实战兵器的意义可能已经微乎其微。但殳作为"车之五兵"与"步卒五兵"之一，不仅是插在战车舆侧以备车战时使用的专门砸击车马的长兵器，同时也是步兵陆战时击撞前驱的常规武器，推理殳在秦汉时期的实用兵器中仍然还占据一定的地位。

作为长兵器的铍，又叫"镺"（tán），在一号坑中共发现16件。铍头的形制如短剑，两侧四棱六面，居中的两面还布满非人工所刻饰的云

▼ 铜铍

▲ 铜箭镞

头状花纹，长35.3~35.5厘米，连接木柄后通长超过3.6米。铍虽然和矛一样都是长柄直刺兵器，却比矛头长而锋利，穿刺力更强，杀伤面更大。秦俑坑长铍的发现，具有两方面的重大意义：其一是突破了已往考古资料未见完整的铍出土的缺憾，从而为我国冷兵器发展史的研究填补了空白；其二是澄清了文献上以及人们的观念中长期以来对铍的多种含糊不清的认识，特别是纠正了已往多把铍头误认为短剑的谬失。

无论从数量来看，或是从进步程度来看，射远兵器都堪称秦俑坑出土的青铜兵器之最，众多的弩机，数以万计的箭镞，足以表明弩机在秦代兵器中占有显著地位。秦弩与战国弩

▲ 弩(复原图)

在形制上基本相同,只是弓杆的长度有所加长,
大都在 1.3~1.44 米之间,并且配有辅木使张力与
射程有所增加。弦长 108~124 厘米。青铜箭镞
又分为大中小三类,大者通长 41 厘米,中者通
长 33 厘米,小者通长多在 9.1~19.1 厘米。中型的
箭镞镞首还加工有 3 个倒刺和血槽。从箭镞的
尺寸几乎没有误差可以看出,秦代兵器的生产
已趋于标准化。弩机由牙、规(望山)、悬刀和
键组成。牙用以勾弦,望山用于瞄准,悬刀即
扳机,键(栓塞)起固定各部件作用。以秦弩与
汉弩相比,尚缺少铜廓,望山上也无刻度,而且
不曾出现连发的弩和更加力大势雄的强弩,这

就表明秦弩仍处在未臻完善的发展阶段。然而"不知地底连机弩，曾射周章百万师"的描写，也许并不是捕风捉影的虚夸，秦弩的确是当时兵器的中坚力量，而且大批完整弩机的发现，也足以弥补此前秦弩实物未能一见的缺憾。

虽说秦代已较多使用铁制农具，但实战兵器在质地上仍旧以青铜铸成，秦俑坑中的铁兵器仅发现一矛、二镞、四铤而已。原因是在铁兵器的发展尚处萌芽阶段时，只能主要配备青铜兵器。事实上也是到了秦代，青铜兵器在冶铸工艺水平上方可用炉火纯青来形容。经过光学频谱、化学定量、电子探针、激光定性等各种分析方法检测，秦俑坑出土的青铜兵器主要是铜、锡、铅3种合金成分，另外还有其他10余种微量金属。其配比基本符合"金有六齐"（《考工记·辀人》）这一世界上最早的青铜合金工

▲ 弩机

金有六齐

《考工记》中记载了六种金属器物的不同含锡量，称之为"六齐"。分别为：钟鼎之齐、斧斤之齐、戈戟之齐、大刃之齐、削杀矢之齐、鉴燧之齐。

艺理论。同时，根据兵器用途的不同，又能调配不同的合金成分。比如剑、矛、镞，要求锋刃锐利，以便摧破坚刚，因而须有较高的含锡、铅量来提高硬度。如青铜剑的含锡量高达18%~21%，测定硬度为106HB，约相当于中碳钢调质后的硬度，极其锐利，出土时仍能一下划透19层报纸。正因为配比适宜，加之合乎力学原理的造型，秦剑才能具有身长而刃薄、坚韧而不脆的刚柔兼济的优越性，才能被誉为"击石不缺、刺石不锉"（汉·刘向《新序·杂事》）的天下利器。总而言之，秦代青铜兵器的合金配比已基本稳定而趋于规范化、标准化。

秦代青铜兵器在铸造、锉磨、抛光、防锈等工艺上也较前代有了新的进步。镞首三面轮廓不重叠的误差不大于0.15毫米，三条棱脊的长度几乎完全相等，足见制作尺度的精确。剑、铍、戈、矛等，都采用双合范法铸造成型，表面纹理平直，锉磨精密，没有砂眼，似乎采用了简单的机具加工，而非手工所能达到，其光洁度竟在6~10级之间，加之铬盐氧化处理的先进防锈手段的使用，以至埋入地下两千多年以后，仍然光泽如新，炫人眼目。特别是以人工手段进行铬盐氧化处理的水平在当时已达到极其高超的地步，这不能不视之为世界冶金史上的奇迹。1985年秦兵马俑在英国展出时，爱丁堡城市艺术中心修复部的工作人员曾这样惊叹

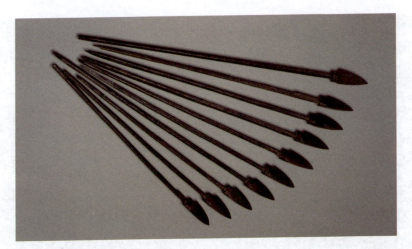

▲ 箭镞

道："我们正在修复的一把十六七世纪的剑，和你们的展品比较，在工艺上相差很多，有许多砂眼。秦陵出土的青铜剑，表面镀铬简直是个奇迹。"可惜这门技艺在汉代以后失传了，而在国外，直到近代才为德国和美国的科学家所先后发明。因此，秦俑坑青铜兵器所展示的在2100年前已广泛使用的铬盐氧化法，无疑是金属防锈古老工艺之花中的奇葩。至若铜铍等表面非刻非铸而与金相组织融为一体的隐现云头状花纹，究竟用什么方法形成，至今还是一个未解的谜。

秦始皇陵兵马俑

兵马俑不死

统一的文化为中国赢得了历史性的荣光，而这统一文化的传承与壮大可以说正得益于秦代所开创并延续了两千余年的大一统封建王朝的巩固与推进。英国历史学家汤因比在《历史研究》一书中盛赞中国是"唯一延续至今的社会"，他所谓的"唯一延续"的内涵和依据就是：人类历史上出现过21个文明社会，其中，中国社会是文明特征保留得最为完整的样本。而这一成就正来自于"统一的文化"。有鉴于此，那么秦始皇陵兵马俑的发现之于初创起这样一种"统一的文化"，就无疑是最可信据的物质表征。

秦始皇陵兵马俑无疑是"世界的奇迹，民族的骄傲"，而其之所以被誉为世界奇迹，是因为它不仅揭示了我们这个古老民族的一段厚重的历史积淀和伟大的创造力，还标志着一个

▼ 参观兵马俑的游客

秦始皇陵兵马俑

曾经湮没已久而又幸未毁灭的灿烂文化的复苏。这个文化复苏的冲击力是空前巨大的,它所产生的影响是极其深广的。1987年9月,美国前国务卿基辛格在参观了秦始皇兵马俑后留言:"能创造这个灿烂历史的民族,一定能创造出光辉的未来。"是的,走近秦始皇陵,走近兵马俑,凝望那征尘依旧的骏马神兵,感受那征服世界的英雄力量,我们就不能不自信地认为,以同化力的伟大而闻名于天下的民族正是中华民族。请聆听鲁迅先生的精辟论断:"那时我们的祖先们,对自己的文化抱有极坚强的把握,决不动摇他们的自信力;同时对别系的文化抱有恢廓的胸襟与极精严的抉择,决不轻易地崇拜或轻易地唾弃。"(孙伏园《鲁迅先生二三事》)这正是我们的民族之所以伟大坚强,我们的文明之所以源远流长,我们的文明之所以灿烂辉煌的缘故。

以秦始皇陵与兵马俑为代表的秦文化几乎囊括了秦文化的各个方面,它带给人们的历史文化反思,不仅是丰富的,而且将是永远的。从1974年到2014年,四十年来,围绕着尚待冰释的历史文化疑团——秦始皇陵地宫之谜,一次次新的探掘,一点点新的发现,一项项新的研究,都在向着毂心辐辏般地一步步逼近,然而同时也出现了一个个新的费解之谜,为此,有人曾作过题为《秦俑十谜》的归纳:

一号坑中纵横成列的兵马究竟是个什么形式的军阵？是战国时代各种军阵的提炼集中？还是先车后卒的"鱼丽之阵"（《左传·桓公五年》）？抑或是"薄中厚方"（《孙膑兵法·十阵》）的方阵之法？迄今为止，尚未有能中其肯綮者，这便是一号坑之谜。

与一号坑的军阵之争相似，二号坑的步、弩、车、骑4个兵种又是按照什么军阵混合编组的呢？一种观点认为是攻击形式或雁行之阵，一种观点依然认为是方阵之法，另一种观点则认为是"疏阵"（《孙膑兵法·十阵》），还有一种观点认为这4个兵种各自形成一个相对独立的小阵，而在整体上又成为混合编组的"曲阵"，这二号坑之谜，或许要等到它全面发掘后才能明朗。

三号坑之谜则表现在它究竟是一、二号坑的指挥部，还是军祭的社宗及军官宴饮、祷战之所？由此便牵涉到建造三号坑的意图和目的的探索。

未建成的四号坑究竟是原先拟议中象征中军的兵马俑坑？还是计划内要修的后勤部队俑坑？或者是修筑一、二、三号坑取土时挖出的土

秦始皇陵兵马俑

壕？这也是一个颇费猜详的谜。

设置兵马俑的主题思想是什么？同样是尚在探究的一大谜团。有人说这是秦军的缩影，是武威的象征，是大一统的显示；也有人说是悲凉的气息，是沉郁的氛围，是夕阳西下的景象；更有合以上两种观点为一而认为是其本身具有的宏观与微观、整体与个别二重性的对立统一。

对于兵马俑的性质之谜，主要有作为送葬护丧的军队与象征生前京城的宿卫两种对立观点之争。另外还有一种观点却认为这是"为表彰统一全国的军功所树的纪念碑式的封"。

在8000多兵马中，谁是统帅？是秦始皇本人？还是尚未探明的3号坑西侧的"甲"字形墓主？或是因为没有出征任务而暂且虚位？从而形成了兵马俑的统帅之谜。

兵马俑面朝东方这令人奇怪的谜，是表示警惕东方六国的复辟？还是因为陵墓的正门在东？或者是象征着秦王朝旭日东升之意？这至今仍然莫衷一是。

那些栩栩如生的陶马，既像是河曲马种，又像是蒙古矮马种，还像是

▲ 给兵马俑拍照的
游客

驴马的杂交——驴骡，这马种之谜，
众说纷纭，各持一端。

　　秦兵马俑坑确实被熊熊大火焚
烧过，它是在火灾之后才被深埋在地
下的。然而它究竟是在何时被何人
焚毁？便成了秦俑之谜中最大的谜。
目前的研究结果有三种推测：一是兵
马俑在建成秦始皇陵之后，由秦代人
自己焚毁；二是被项羽的军队焚毁；
三是由于坑内产生沼气而自燃焚毁。
这三种推测，因为迄今都还没有足以
令人信服的依据，所以关于焚毁原因
的揭示就显得尤为困难。

　　其实，秦俑之谜尚多，这十大谜团只不过
列举了其中的大端，此外，在对秦始皇陵本身
及其布局、建筑以及外围其他陪葬遗址的探索

秦始皇陵兵马俑

性研究上，也同样呈现出许许多多为时间与资料所局限的难题。然而，我们始终满怀自信，在指日可待的将来，随着更为丰富、更为重大的发现和更为深入、更为广泛的研究，这些谜底都将被一一揭示出来。

兵马俑的历史价值与文物价值是无可估量的，它的无价表现在它愈来愈丰富的历史文化内涵，表现在围绕着它的那些已解的和未解的谜。在中国科学技术史上，它填写了光辉的一章；在中国文化艺术史上，它延续了一段灿烂的里程；在秦代政治、经济与军事等各个研究领域，它开拓了一片新天地。这便是它无价的价值所在。

四十年来，秦陵与兵马俑考古不断的新发现，给秦文化与先秦史乃至整个中国古代历史文化的研究带来了新的活力，开辟了新的途径，同时，我们也应该看到它所带来的巨大经济效应。这一方面表现在它给旅游业带来了勃勃生机，另一方面则表现在它给秦俑博物馆的建设带来了日新月异的发展。如今，以秦陵兵马俑与骊山华清池为两大龙头的文博业、旅游业和经济实体已遍及临潼，每年带来的直接经济效益超过数亿元，间接经济效益更无法计算，从而使当地近百万人民获得了前所未有的巨大实惠，过上了前所未有的康乐生活。诚然，考古新资料的扩大与丰富，文化与经济效应的

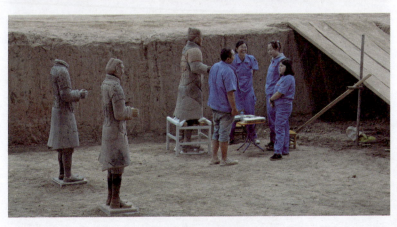

 兵马俑景区的考古工作人员

秦始皇陵兵马俑

大潮如涌,也反过来有力促进了秦俑博物馆向着集考古发掘、文物保护、科学研究和参观游览于一体的现代化大型遗址博物馆乃至更高等级与规模的博物院发展的步伐。终于,在2009年,秦始皇兵马俑博物馆升格成为秦始皇帝陵博物院,保护与展区面积扩大到整个秦始皇陵遗址公园,这标志着秦始皇帝陵的考古及其相关的学术研究、文物保护、陈列展示等工作迈上了一个新的台阶。展望这个目前国内最大而且最年轻的遗址性历史专题博物院的前景,正可谓无比乐观、无限光明。

秦始皇陵与兵马俑是全世界共有的历史遗产,是全人类共有的文化财富,它不仅属于昨天与今天,而且还将属于永恒的未来。信哉!"黄泥五色,健儿不朽;青烟一炬,壮士未亡",从这个意义上说,"始皇帝可以死,而兵马俑不会死"!

▼秦始皇帝陵标志性刻石

附表 1：秦人与秦国大事纪年

时 间	大事记
上古传说时代	女修生大业、大业生大费 大费辅佐尧舜，为伯翳，赐姓嬴氏 大费生大廉，大费玄孙费昌，当夏桀之时，去夏归商，为汤御 大廉玄孙孟戏、仲衍佐殷国，之后"嬴姓多显"，遂为诸侯 仲衍玄孙中潏，在西戎，"保西垂" 中潏生蜚廉，蜚廉生恶来，善走蜚廉，恶来有力，皆为殷纣效力 周武王伐纣，并杀恶来 蜚廉又生季胜，传五世至造父、非子
公元前 897 年	非子居犬丘养马，为周孝王养马于汧渭之间，续嬴氏祀，号为"秦嬴"
公元前 845 年	非子曾孙秦仲周宣王时为大夫，诛西戎，二十三年后死于戎
公元前 821 年	秦仲长子庄公为"西垂大夫"，率兵七千伐西戎
公元前 770 年	（秦襄公八年）平王东迁，秦列为诸侯，受赐岐以西之地，始立国于西畤
公元前 762 年	秦文公四年至汧渭之会，筑城卜居
公元前 753 年	（文公十三年）"初有史以纪事"
公元前 750 年	（文公十六年）伐戎，地至岐
公元前 714 年	（宁公二年）迁都平阳，伐荡社
公元前 688 年	（武公十年）初建县
公元前 678 年	武公死，葬于雍，"初以人从死"，从死六十六人
公元前 677 年	（德公元年）迁都雍城
公元前 645 年	（缪公十五年）秦晋战于韩地，晋献河西之地
公元前 623 年	（缪公三十七年）秦用由余伐西戎大胜，"开地千里"，天子使召公过贺缪公以金鼓
公元前 621 年	缪公薨，葬于雍，从死一百七十人，君子讥之，故不言卒
公元前 617 年	（康公四年）伐晋，取北徵
公元前 615 年	（康公六年）伐晋，大战河曲
公元前 384 年	（献公元年）禁止从死殉葬

171

时　间	大事记
公元前383年	（献公二年）迁都栎阳
公元前378年	（献公七年）"初行为市"
公元前375年	（献公十年）"为户籍相伍"
公元前359年	（孝公三年）秦用商鞅变法
公元前350年	（孝公十二年）迁都咸阳，聚小乡邑为三十一县，废井田，开阡陌
公元前348年	（孝公十四年）商鞅初行赋税法
公元前342年	（孝公二十年）诸侯毕贺。会诸侯于泽。朝天子
公元前338年	（孝公二十四年）孝公薨。杀商鞅
公元前337年	（惠文王元年）楚、韩、赵、蜀朝秦
公元前336年	（惠文王二年）天子贺，"初行钱"
公元前325年	（惠文王十三年）惠文君称"王"
公元前318年	（惠文王更元七年）楚、赵、魏、韩、燕"五国攻秦"，不胜而回
公元前316年	（惠文王更元九年）秦从司马错计灭蜀
公元前309年	（武王二年）初置丞相，樗里子、甘茂为丞相
公元前298年	（昭襄王九年）秦攻楚，大败楚军，取十六城
公元前293年	（昭襄王十四年）白起攻韩、魏
公元前288年	（昭襄王十九年）秦王称西帝，复为王
公元前278年	（昭襄王二十九年）白起击楚，拔郢，楚迁都于陈
公元前267年	（昭襄王四十年）太子质于魏者死，归葬芷阳
公元前260年	（昭襄王四十七年）秦赵战于长平，白起坑斩赵卒四十五万
公元前256年	（昭襄王五十一年）秦灭西周
公元前249年	（庄襄王元年）吕不韦为相。灭东周
公元前247年	（庄襄王三年）占上党，定晋阳。信陵君联合五国攻秦
公元前246年	秦始皇即位，年仅十三岁，号始皇帝。作郑国渠
公元前241年	（秦始皇六年）楚、赵、魏、韩、卫攻秦，秦取魏之朝歌及卫之濮阳
公元前238年	（秦始皇九年）嫪毐叛乱。伐魏

时　间	大事记
公元前 235 年	（秦始皇十二年）发关东四郡兵助魏攻楚
公元前 228 年	（秦始皇十九年）王翦大破赵军，克邯郸，俘赵王
公元前 227 年	（秦始皇二十年）荆轲刺秦王。王翦伐燕
公元前 226 年	（秦始皇二十一年）王翦攻克燕都蓟，燕王迁都。王贲攻楚
公元前 225 年	（秦始皇二十二年）王贲攻大梁，魏王降，杀之，灭魏
公元前 223 年	（秦始皇二十四年）王翦攻楚，俘楚王
公元前 222 年	（秦始皇二十五年）王贲攻辽东，俘燕王，燕亡
公元前 221 年	（秦始皇二十六年）王贲攻齐，俘齐王，六国皆亡，"初并天下"，号为皇帝，自称"朕"，属水德，衣服旄旌节旗皆尚黑，数以六为纪。命河为"德水"，命民曰"黔首"。分天下为三十六郡，统一度量衡，同天下书，销天下兵器铸十二金人，徙天下豪杰十二万户于咸阳
公元前 220 年	（秦始皇二十七年）巡行陇西、北地。作甘泉殿，修治驰道
公元前 219 年	（秦始皇二十八年）修凿灵渠，筑阿房宫。第二次东巡，上邹峄山立石颂功，上泰山立石颂德，登琅邪台刻石颂德。遣徐市发童男女数千人入海求仙
公元前 218 年	（秦始皇二十九年）第三次东游，至阳武博浪沙，始皇遭张良椎击未中。登芝罘刻石
公元前 215 年	（秦始皇三十二年）第四次巡行，至碣石。蒙恬发兵三十万北伐匈奴
公元前 214 年	（秦始皇三十三年）平定南越，发五十万刑徒戍五岭
公元前 213 年	（秦始皇三十四年）下令"焚书"
公元前 212 年	（秦始皇三十五年）修"直道"。下令"坑儒"
公元前 211 年	（秦始皇三十六年）迁三万户至北河、榆中。陨石落东郡，石上刻"始皇死而地分"，又传言"今年祖龙死"
公元前 210 年	（秦始皇三十七年）第五次巡游，上会稽，立石颂德，又至琅邪、芝罘。七月，"始皇崩于沙丘平台"。九月，"葬始皇于骊山"。郡县皆反。杀蒙恬，复行钱
公元前 209 年	（秦二世一年）胡亥继位为二世皇帝。七月，陈胜、吴广大泽乡起义

秦始皇陵兵马俑

时　间	大事记
公元前208年	（秦二世二年）六月，吕臣领导的农民起义军与项羽会合。七月，项羽大败章邯于东阿。十二月，"巨鹿之战"。诛李斯
公元前207年	（秦二世三年）七月，章邯投降。赵高反，二世自杀，子婴立，杀赵高
公元前206年	秦王子婴"素车白马"在轵道旁降于刘邦，寻为项羽所杀，秦亡

附表2：秦始皇帝陵考古大事纪年

时　间	大事记
1961年3月4日	秦始皇陵被国务院列为全国第一批重点文物保护单位
1974年3月29日	发现兵马俑一号坑
1976年4月23日	发现兵马俑二号坑
1976年5月11日	发现兵马俑三号坑
1976年10月	发现上焦村陪葬墓和马厩坑，并在飤官遗址发现"乐府钟"
1976年冬	发现陵北一号建筑遗址
1977年3月	发现陵北二、三、四号建筑遗址
1977年~1978年	发现珍禽异兽坑
1978年5月	正式发掘一号坑
1979年4月9日	叶剑英元帅亲笔题写"秦始皇兵马俑博物馆"馆名
1979年10月1日	秦始皇兵马俑博物馆暨一号坑遗址陈列大厅正式对外开放
1979年12月	发现修陵人墓地
1980年12月	出土两乘彩绘铜车马
1987年12月7日	联合国教科文组织将秦陵（含兵马俑）列为"世界文化遗产"
1988年12月19日	三号坑正式发掘
1989年9月27日	三号坑正式对外开放

时　间	大事记
1994 年 3 月 1 日	二号坑正式发掘
1994 年 10 月 14 日	二号坑正式对外开放
1997 年 7 月	发现石铠甲坑
1999 年 3 月~5 月	发现百戏俑坑，出土秦代青铜大鼎，2011 年 9 月正式对外开放
2000 年 4 月	发现文官俑坑，2011 年 9 月正式对外开放
2000 年 8 月	发现铜水禽坑
2009 年 2 月	秦始皇帝陵博物院正式成立
2010 年初	对秦始皇陵园内暴露遗址与陵园城垣遗址展开调查勘探
2011 年 10 月 1 日	秦始皇陵遗址公园正式对外开放

秦始皇陵兵马俑